Ausführliches Verzeichniß der

Guttentag'schen Sammlung

Deutscher Reichs- und Preußischer Gesetze,

Text-Ausgaben mit Anmerkungen — Taschenformat,

welches alle wichtigeren Gesetze in absolut zuverlässigen Gesetzestexten und in mustergiltiger Weise erläutert enthält, befindet sich hinter dem Sachregister.

Guttentag'sche Sammlung
Nr. 30. Preußischer Gesetze. Nr. 30.
Text-Ausgaben mit Anmerkungen.

Die Gesetze, betreffend

das Preußische Staatsschuldbuch

und

das Reichsschuldbuch

nebst den

dazu gehörigen Ausführungsbestimmungen

erläutert von

J. Mücke,
Wirklicher Geheimer Ober-Finanzrath,
Mitglied der Hauptverwaltung der Staatsschulden.

Berlin 1902.
J. Guttentag, Verlagsbuchhandlung,
G. m. b. H.

Vorwort.

Die nachstehende Schrift bezweckt, die etwas abgelegene Materie der Staats- und Reichsschuldbuchgesetze weiteren Kreisen zugänglich und verständlich zu machen. Die Erfahrung lehrt, daß ein Bedürfniß hierfür vorhanden ist. An einer erschöpfenden Zusammenstellung und Erläuterung der einschlägigen Bestimmungen hat es bisher gefehlt.

Die Materialien sind eingehend benutzt, namentlich ist die Begründung der Regierung und der Bericht der Kommission des Hauses der Abgeordneten vollständig wiedergegeben worden, der spezielle Theil bei den einzelnen Paragraphen, der allgemeine als Anhang. Aus den Verhandlungen des Landtags ist das Erforderliche mitgetheilt worden.

Möge der Versuch, das Verständniß für die wichtige und für Viele so zweckmäßige Einrichtung des Schuldbuchs zu fördern, von einigem Erfolge begleitet sein.

Berlin im Januar 1902.

Der Verfasser.

Inhaltsverzeichniß.

Seite

I. Das Preußische Staatsschuldbuch.

Einleitung 9
Gesetz vom 20. Juli 1883, betr. das Preußische Staatsschuldbuch mit den Aenderungen durch die Gesetze vom 12. April 1886 und 8. Juni 1891, sowie durch Artikel 16 des Pr. Ausführungsgesetzes zum B.G B. vom 20. September 1899 und mit den Ausführungsbestimmungen des Finanzministers vom 8. Juni 1891 . . . 17
Anlage I (Muster der Konten des Staatsschuldbuchs) 89
Anlage II (Muster zu einem Antrag auf erste Eintragung in das Staatsschuldbuch sowie auf Löschung einer Schuldbuchforderung) . 92
Anlage III (Nummerverzeichniß) 96
" A (Volkswirthschaftsrath) 98
" B (Begründung der Regierung, allgemeiner Theil) 126
Anlage C (Bericht der XVIII. Kommission des Hauses der Abgeordneten, allgemeiner Theil) 138

II. Das Reichsschuldbuch.

Einleitung 171
Reichsgesetz vom 31. Mai 1891, betr. das Reichsschuldbuch mit den Aenderungen durch Artikel 50 des Einführungsgesetzes zum B.G.B. und § 188 des Reichsgesetzes vom 17. Mai 1898 und mit den Ausführungsbestimmungen des Bundesraths vom 21. Januar 1892 . . . 173
Anlage I bis III 198
Anlage IV 199

Abkürzungen.

A.G. = Preußisches Ausführungsgesetz zum Bürgerlichen Gesetzbuch, vom 20. September 1899 (G.S. S. 177).

A. d. F. = Ausführungsbestimmungen des Finanzministers.

B. d. K. = Bericht der XVIII. Kommission des Hauses der Abgeordneten vom 7. Mai 1883.

B. d. R. = Begründung der Regierung.

B.G.B. = Bürgerliches Gesetzbuch.

E.G. = Einführungsgesetz zum Bürgerlichen Gesetzbuch.

H. d. A. = Haus der Abgeordneten.

Die ohne Zusatz citirten Paragraphen sind diejenigen des Gesetzes vom 20. Juli 1883.

Die hinter den Paragraphen folgenden Artikel sind die Artikel der Ausführungsbestimmungen.

Literatur.

1. Das neue Preußische Staatsschuldbuch, von E. Franke im Finanz-Archiv, herausgegeben von Prof. G. Schanz.
   1. Jahrgang, 1. Heft. (Verlag der J. G. Cotta'schen Buchhandlung in Stuttgart, 1884).
2. Das Preußische Staatsschuldbuch von Reg.-Assessor Frick in den Jahrbüchern für Nationalökonomie und Statistik von Conrad, Neue Folge, Band 21, S. 337 ff.
3. Amtliche Nachrichten über das Preußische Staatsschuldbuch. Sechste Ausgabe (1896) und Amtliche Nachrichten über das Deutsche Reichsschuldbuch (1892).
   (Verlagsbuchhandlung von J. Guttentag.)

I. Das Preußische Staatsschuldbuch.

Einleitung.

Bereits bei Berathung des Entwurfs zum Konsolidationsgesetz vom 19. Dezember 1869 wurden Wünsche auf Verbriefung von Staatsschuldverschreibungen auf den Namen laut.

Im Jahre 1881 brachte der Abgeordnete v. Tiedemann (Bomst) folgenden Antrag ein:

Das Haus der Abgeordneten wolle beschließen:

die Staatsregierung zu ersuchen, in Erwägung zu ziehen, ob nicht (bei ferneren Begebungen von Anleihen) auch Staatspapiere auf Namen auszugeben seien.

(Nr. 68 der Drucksachen des Hauses der Abgeordneten — 14. Legislaturperiode, III. Session 1880—81.)

In der Sitzung vom 19. Januar 1881 (s. Drucksachen S. 1113) begründete der Abgeordnete v. Tiedemann diesen Antrag. Er machte geltend, daß die Einführung von Namenobligationen, welche sich in vielen anderen Ländern, wie Frankreich, England usw., bewährt hätten, im Interesse der Staatsgläubiger dringend wünschenswerth sei. Was die Art der Einrichtung betreffe, so sei er der Ansicht, daß die ganze Institution sich möglichst eng werde anschließen müssen an die Einrichtung unseres jetzigen Hypothekenwesens; es würden also die einzelnen Schuldtitel einzutragen sein in ein großes Buch der Staatsschuld.

Nachdem der Finanzminister Bitter eine sorgfältige und wohlwollende Erwägung des Antrages zugesagt hatte, wurde derselbe angenommen. Die eingeklammerten Worte — bei ferneren Begebungen von Anleihen — wurden auf Anregung des Abgeordneten Francke und unter Zustimmung des Antragstellers fortgelassen.

In Folge dessen wurden dem Volkswirthschaftsrath von der Staatsregierung in dem Schreiben vom 28. Februar 1882 hierauf bezügliche Fragen vorgelegt, über welche im Plenum und permanenten Ausschuß verhandelt worden ist.

Nach eingehenden Berathungen empfahl der Volkswirthschaftsrath der Staatsregierung:

> Die Schuld des Staates oder einen Theil derselben durch Eintragung in ein zu diesem Behuf anzulegendes Buch zu begründen, daneben aber die Ausgabe, beziehungsweise Erhaltung von Inhaberpapieren fortbestehen zu lassen.[1])

Am 16. Februar 1883 legte der Finanzminister v. Scholz

> den Entwurf eines Gesetzes, betreffend das Staatsschuldbuch

---

[1]) S. Anlage A.

nebst der dazugehörigen Begründung[1]) dem Hause der Abgeordneten zur Beschlußfassung vor.

Der Bericht der XVIII. Kommission vom 7. Mai 1883[2]) empfahl, nach Vornahme einiger Abänderungen, den Entwurf zur Annahme.

Nachdem beide Häuser des Landtages zugestimmt hatten, und über die nicht erheblichen Aenderungen Einverständniß erzielt worden war, wurde das Gesetz, betreffend das Staatsschuldbuch unter dem 20. Juli 1883 in der Gesetzsammlung publizirt (G.S. S. 120).

Dasselbe sollte nach § 1 zunächst nur auf die vierprozentige konsolidirte Anleihe Anwendung finden, da die Kündigung der $4^1/_2$ prozentigen Anleihe bereits in Aussicht genommen war, und $3^1/_2$- und 3 prozentige konsolidirte Anleihen damals nicht vorhanden waren. Nach Emission solcher Anleihen wurde es aber auf diese, bezw. alle konsolidirte Anleihen ausgedehnt durch Gesetz vom 12. April 1886 (G.S. S. 124) und Gesetz vom 8. Juni 1891 (G.S. S. 105).

Nach § 25 Abs. 2 war der Finanzminister mit der Ausführung des Gesetzes beauftragt. Die demgemäß erlassenen Ausführungsbestimmungen ergingen unter dem 22. Juni 1884 (Deutscher Reichs- und Pr. Staats-Anzeiger von 1884 Nr. 154) und, mit Rück-

[1]) S. Anlage B.

[2]) S. Anlage C.

sicht auf die Gesetze vom 12. April 1886 und 8. Juni 1891, in neuer Fassung unter dem 18. Juni 1891 (ebendas. 1891 Nr. 143).

Das B.G.B. und die mit ihm zusammenhängenden Gesetze haben grundsätzlich an dem Staatsschuldbuchgesetze nichts geändert, s. Art. 97 Abs. 1 des E.G. zum B.G.B. Einige durch erstere gleichwohl mittelbar herbeigeführte Aenderungen sollen an den betreffenden Stellen erwähnt werden.

Eine von der Hauptverwaltung der Staatsschulden unter dem $\frac{\text{30. Juni 1884}}{\text{5. Febr. 1892}}$ unter Zustimmung des Finanzministers und der Ober-Rechnungskammer erlassene Geschäftsanweisung für das Staatsschuldbuchbureau ordnet das geschäftliche Verfahren.

Durch die Einrichtung des Staatsschuldbuchs sollte der Besitz des Forderungsrechts von dem Besitze der Schuldurkunde unabhängig gemacht und der Gläubiger im vollen Umfange gegen die Gefahr geschützt werden, durch den zufälligen Verlust der Schuldverschreibung das Forderungsrecht einzubüßen.

Die Sicherung sollte sich sowohl auf das Kapital, wie auch auf die Zinsen erstrecken. Der Verlust von Zinsscheinen ist um so empfindlicher, als dieselben nicht für kraftlos erklärt werden können. Ersatz für verlorene Zinsscheine wird nach § 13 in Verbindung mit § 2 der Verordnung vom 16. Juni 1819 (G.S. S. 157) nur geleistet, wenn der Verlierer beweist und die Staatsschuldenverwaltung sich überzeugt findet, daß der Verlust der Zinskoupons auf solche Weise erfolgt sei, daß sie nicht wieder zum Vorschein kommen können. Ein solcher Beweis läßt sich in zahlreichen Fällen nicht führen.

Nach der Eintragung der Forderung in das Staatsschuldbuch ist die Forderung aus dem Inhaberpapiere untergegangen. Die Werthpapiere werden nach Anordnung der Eintragung in das Staatsschuldbuch kassirt (durchlocht) und demnächst durch Feuer vernichtet. An ihre Stelle tritt die Buchforderung, welche sich lediglich auf die Eintragung gründet.

Im Falle der Rückumwandlung der Buchschuld gegen Löschung der Buchschuld werden neue Schuldverschreibungen, nebst Zinsscheinen und] Zinserneuerungsscheinen unter neuen Nummern ausgefertigt.

Statt der auf den Inhaber verbrieften Schuld hat der Gläubiger einen unverbrieften, auf seinen Namen lautenden, in den Büchern des Schuldners eingetragenen persönlichen, durch Zufall nicht zerstörbaren Anspruch auf Zinsen und auf Aushändigung eines Inhaberpapiers zu gleichem Nennwerth nebst Zinsscheinen und Zinserneuerungsscheinen.

Die Benutzung des Staatsschuldbuchs ist besonders denen zu empfehlen, welche eine dauernde, gegen jeden Verlust geschützte zinsbare Anlage ihres Vermögens erstreben, eine Anlage, welche keine Verwaltungsschwierigkeiten erfordert und, abgesehen von den Eintragungs- und Löschungsgebühren, keine Verwaltungskosten verursacht.

Der auch in Anregung gebrachten Einführung von Namenobligationen mit Inhaberkoupons (titres mixtes) wurde regierungsseitig widersprochen: „Das Kreditbedürfniß des Preußischen Staates sei kein so großes, daß derselbe, wie andere Staaten, eine große Mannigfaltigkeit von Staatsschuldformen zu schaffen brauche. Durch Vermehrung dieser Formen werde das Staatsschuldenwesen übermäßig komplizirt, die Uebersichtlichkeit desselben erschwert und die Arbeitslast der Staatsschuldenverwaltung enorm gesteigert. Die Verweisung auf andere Länder sei nicht zutreffend, weil das Staatsschuldenwesen sich dort meist in umgekehrter Reihenfolge vom Namens- zum Inhaberpapier entwickelt habe. In Preußen dagegen gehe man von der leichtesten Verkehrsform des Inhaberpapiers aus und genüge dadurch den Ansprüchen derjenigen, welche mit ihren Staatsobligationen Handel treiben wollten. Bei dem gegenwärtigen Entwurf dagegen seien vorzugsweise diejenigen Kapitalien ins Auge gefaßt, welche dem Handel und Verkehr als überschüssig entzogen und als lediglich zur mäßigen Verzinsung bestimmt, möglichst dauernd dem Staate leihweise überlassen werden sollten. Für diese festen Kapitalien wolle man eine Form schaffen, welche dem Gläubiger möglichste Sicherheit und möglichst geringe Belästigung bei der Verwaltung derselben gewähre. Dagegen liege es nicht in der Absicht des Entwurfes, Kapitalien heranzuziehen, deren Eigenthum einem raschen Wechsel unterworfen sei. Jedenfalls sei es unerwünscht, gleichzeitig zwei oder mehrere Systeme von Staatsschulden neu einzuführen und die Geschäfte der Hauptverwaltung der Staatsschulden dadurch wesentlich zu erweitern und zu kompliziren, zumal deren künftiger Umfang sich ohnehin nicht mit genügender Zuverlässigkeit beurtheilen lasse.

Die Erfahrung anderer Länder zeige, daß von den sogenannten titres mixtes nur in verhältnißmäßig geringem Maße Gebrauch gemacht werde Wenn nach Einführung des Staatsschuldbuches sich ein Verkehrsbedürfniß herausstelle, daneben noch reine Namenspapiere oder titres mixtes zu schaffen, so werde man das Bedürfniß durch neue Gesetze befriedigen können. Zur Zeit glaube die Staatsregierung mit Einführung der Buchschuld das allein Nothwendige gethan zu haben."

Ein Antrag, die Umgestaltung des Inhaberpapiers in ein Namenpapier unter Mitwirkung des Schuldners und unter Eintragung in dessen Bücher zuzulassen, wurde abgelehnt. Und mit Recht. Ein Bedürfniß zur Einführung eines dritten Systems ist bisher in keiner Weise hervorgetreten. Die Uebersichtlichkeit der Staatsschuld ist, was sonst nicht der Fall gewesen wäre, gewahrt geblieben.[1])

[1]) S. jetzt § 806 B.G.B. Die Umschreibung der nach dem Inkrafttreten des B.G.B. ausgegebenen Schuld-

Schließlich sei noch eines Antrages gedacht, welcher die Prinzipien des depositum irregulare zu Grunde legen und es bei folgendem einzigen Paragraphen belassen wollte:

> Der Staat wird ermächtigt, Schuldverschreibungen der vierprozentigen konsolidirten Anleihe unter der Beschränkung von deren Inhabern zur Aufbewahrung anzunehmen, daß er statt der eingelieferten nur Schuldverschreibungen obiger Anleihe von gleichem Nennwerthe zurückzugeben braucht. Die Zinsen sind den Hinterlegern zu übersenden.
>
> Die Staatsschuldenverwaltung kontrollirt diese Geschäfte.
>
> Der Finanzminister stellt die Ausführungsbestimmungen und die Gebühren für dieselben fest.

Auch dieser Antrag wurde in der Kommission mit allen gegen zwei Stimmen abgelehnt.[1])

---

verschreibungen lehnt die Staatsschuldenverwaltung unter Hinweis auf das Staatsschuldbuch nach Satz 2 ab. Hinsichtlich der älteren Staatsschuldverschreibungen gab es eine solche Umschreibung überhaupt nicht.

[1]) S. das Nähere in Anlage C Seite 138.

Gesetz

vom 20. Juli 1883,

betreffend

das Staatsschuldbuch (G.S. S. 120)

mit den

Aenderungen durch die Gesetze vom 12. April 1886 (G.S. S. 124) und 8. Juni 1891 (G.S. S. 105), sowie durch Art. 16 des Preußischen Ausführungsgesetzes zum B.G.B., vom 20. September 1899 (G.S. S. 177),

und

mit den Ausführungsbestimmungen des Finanzministers vom 18. Juni 1891 (Deutscher Reichs- u. Pr. Staatsanzeiger v. 1891 Nr. 143).

Wir **Wilhelm,** von Gottes Gnaden König von Preußen 2c., verordnen unter Zustimmung der beiden Häuser des Landtags der Monarchie, was folgt:

§. 1.

Schuldverschreibungen der sämmtlichen[1]) konsolidirten Anleihen können in Buchschulden des Staats auf den Namen eines bestimmten Gläubigers umgewandelt werden.[2])

1) Der § 1 des Gesetzes vom 20. Juli 1883 lautete: Schuldverschreibungen der vierprozentigen konsolidirten Anleihe u. s. w.

Durch das Gesetz vom 12. April 1886, betreffend eine Erweiterung des Staatsschuldbuchs (G.S. S. 124) wurden die Bestimmungen des Gesetzes vom 20. Juli 1883 auf Schuldverschreibungen der 3½ prozentigen konsolidirten Anleihe und durch das Gesetz vom 8. Juni 1891 (G.S. S. 105) auf die Schuldverschreibungen der sämmtlichen konsolidirten Anleihen ausgedehnt:

a) Gesetz betreffend eine Erweiterung des Staatsschuldbuchs vom 12. April 1886 (G.S. S. 124):

Wir 2c.

Einziger Artikel.

Die Bestimmungen des Gesetzes, betreffend das Staatsschuldbuch vom 20. Juli 1883 (G.S. S. 120) finden vom 1. Juli 1886 ab auf Schuldverschreibungen der 3½ prozentigen konsolidirten Anleihe mit der Maßgabe entsprechende Anwendung, daß die hiernach zu bewirkenden Eintragungen in ein besonderes Buch erfolgen können.

Der Finanzminister ist mit der Ausführung dieses Gesetzes beauftragt.

Urkundlich 2c.

b) Gesetz betreffend eine Erweiterung des Staatsschuldbuchs vom 8. Juni 1891 (G.S. S. 105).

Wir 2c.

Art. I.

Die Bestimmungen des Gesetzes, betreffend das Staatsschuldbuch vom 20. Juli 1883 finden auf die Schuldverschreibungen der sämmtlichen konsolidirten Anleihen mit der Maßgabe entsprechende Anwendung, daß für die zu verschiedenen Zinssätzen erfolgenden Eintragungen getrennte Bücher angelegt werden können.

Art. II.

2c.

Der Finanzminister ist mit der Ausführung dieses Gesetzes beauftragt.

Urkundlich 2c.

In der Begründung der Regierung zu dem Gesetz vom 8. Juni 1891 wurde hervorgehoben, daß es sich empfehle, die Bestimmungen des Gesetzes vom 20. Juli 1883 auf die Schuldverschreibungen der konsolidirten Anleihen generell auszudehnen, da die Möglichkeit nicht ausgeschlossen sei, daß in Zukunft Schuldverschreibungen der konsolidirten Staatsanleihe auch zu anderen als den gegenwärtigen Zinssätzen ausgegeben würden.

Hierbei ließen es jedoch die Rücksichten auf die Sicherheit und Uebersichtlichkeit der Geschäftsführung sowie auf die bestehenden Einrichtungen wünschenswerth erscheinen, die Buchführung für die verschieden verzinslichen Schuldverschreibungen getrennt zu bewirken.

(B. d. R., Drucksachen H. d. A. 17. Legislaturperiode, III. Session 1890/91 Nr. 209).

2) Ein Antrag des früheren Ministers Camphausen, also lautend:

dem § 1 einen zweiten Absatz mit den Worten hinzuzufügen:

„Bei neuen Emissionen jener Anleihe können, ohne vorgängige Ausfertigung und Vernichtung von Schuldverschreibungen, Eintragungen in das Staatsschuldbuch auf den Namen derjenigen Gläubiger, welche auf die Aushändigung von Schuldverschreibungen auf den Inhaber Verzicht leisten, gebührenfrei bewirkt werden"

wurde abgelehnt, nachdem der Finanzminister v. Scholz darauf hingewiesen hatte, daß dann die Umarbeitung des ganzen Gesetzes erforderlich sein würde.

§. 2.

Die Umwandlung erfolgt gegen Einlieferung zum Umlaufe brauchbarer Staatsschuldverschreibungen durch Eintragung in das bei der Hauptverwaltung der Staatsschulden zu führende Staatsschuldbuch.

In demselben sind auch die in dem Schuldverhältnisse eintretenden Veränderungen zu vermerken.[1])

Für die zu verschiedenen Zinssätzen erfolgenden Eintragungen können getrennte Bücher angelegt werden.[2])

Von dem Staatsschuldbuche ist eine Abschrift zu bilden und getrennt aufzubewahren.[3])

Ueber den Inhalt des Staatsschuldbuchs darf nur dem eingetragenen Gläubiger, seinen gesetzlichen Vertretern, Bevollmächtigten und Rechtsnachfolgern von Todeswegen, sowie bezüglich der im §. 4 unter Nr. 3 und 4 bezeichneten Gläubiger, den zur Revision der Kassen derselben berechtigten öffentlichen Behörden oder sonstigen Personen, letzteren aber nur, falls ihre Berechtigung zur Kassenrevision durch eine Deutsche öffentliche Behörde bescheinigt ist, Auskunft ertheilt werden.[4])

Nachdem durch das Gesetz vom 8. Juni 1891 die Vorschriften der Gesetze vom 20. Juli 1883 und 12. April 1886 auf sämmtliche konsolidirte Staatsanleihen ausgedehnt und in einigen Punkten ergänzt worden sind, werden die bei Ausführung dieser drei Gesetze zu beachtenden Bestimmungen in Nachstehendem zusammengestellt. Sie treten an Stelle der von dem Finanzminister am 22. Juni 1884 erlassenen Ausführungsbestimmungen und deren Nachträge

Artikel 1.*)
(§. 2 des Gesetzes.)

1. Die Abschrift des Staatsschuldbuchs wird in einem besonderen Gebäude aufbewahrt. Die Abschrift der einzelnen Eintragungen wird spätestens eine Woche nach den Eintragungen selbst bewirkt.

2. Bei Prüfung der Frage, ob die zur Umwandlung in eine Buchschuld eingereichten Staatsschuldverschreibungen zum Umlauf brauchbar sind (§. 2 des Gesetzes vom 20 Juli 1883) ist Folgendes zu beachten:

Die Schuldverschreibungen dürfen nicht gerichtlich für kraftlos erklärt oder von einem Gericht oder einer mit Vollstreckungsbefugniß ausgestatteten Behörde mit Beschlag belegt sein. Befindet sich eine Außerkurssetzung darauf vermerkt, so muß auch der Vermerk ordnungsmäßiger Wiederinkurssetzung sich vorfinden. Die Umwandlung befleckter oder beschädigter Stücke ist nur zulässig, wenn nach dem Ermessen der Hauptverwaltung der Staatsschulden nicht in Gemäßheit des Gesetzes vom 4. Mai 1843 (G.S. S. 177) und der Verordnung vom 16. August 1867 (G.S. S. 1457) zum Nachweise des rechtmäßigen Besitzes einer Umschreibung der Stücke die dort vor-

*) Der Anfang des Artikel 1 Nr. 1 befindet sich hinter § 4.

geschriebene öffentliche Bekanntmachung würde vorausgehen müssen. Jeder eingereichten Schuldverschreibung müssen die noch nicht fälligen Zinsscheine (Koupons) und der dazu gehörige Erneuerungsschein (Talon, Anweisung) beigefügt sein. Nur den Schuldverschreibungen, welche in einem dem Fälligkeitstermine der Zinsen vorangehenden Monat eingereicht werden, sind die nächstfälligen Zinsscheine nicht beizufügen.[5])

1) Zu solchen Veränderungen im Schuldverhältnisse sind insbesondere zu rechnen: Entmündigung des Gläubigers, Beschränkung desselben durch Verpfändung, Nießbrauch usw., Bezeichnung eines anderen Zinsenempfängers, s. auch § 7 Abs. 1 a. a. O.

2) Gesetz vom 12. April 1886 und 8. Juni 1891, Art. I.

3) Es wurde auf die außerordentlichen Schwierigkeiten hingewiesen, das Staatsschuldbuch, wenn es einmal verloren ginge, wieder herzustellen. Regierungsseitig wurde darauf bemerkt, daß das Wort „getrennt" bedeuten solle — in getrennten Häusern — und daß das Nähere reglementarisch geordnet werden würde.

Letzteres ist geschehen. Das Staatsschuldbuch selbst wird in dem Gebäude der Hauptverwaltung der Staatsschulden, z. B. Oranienstraße 92/94, die Abschrift in demjenigen der Staatsschulden-Tilgungskasse, Taubenstraße 29 aufbewahrt.

4) Die Worte hinter von Todeswegen „sowie — bescheinigt ist" wurden bei der zweiten Berathung des Gesetzes im H. d. A. auf Antrag des Abgeordneten v. Strombeck eingeschoben.

Regierungsseitig erklärte man sich mit dieser Einschaltung einverstanden.

Zu bemerken ist hierbei, daß die erforderliche Bescheinigung von derjenigen öffentlichen Behörde auszustellen ist, welche die Verwaltung der Masse führt oder beaufsichtigt, oder welche der betreffenden Behörde gesetzlich oder reglementarisch vorgesetzt oder zur Kassenrevision berechtigt ist. Es kann dies auch eine nicht Deutsche öffentliche Behörde sein, s. Art. II des Gesetzes vom 8. Juni 1891 und Begründung der Regierung a. a. O.

Gegen das Prinzip des letzten Absatzes wurde in der Kommission des Abgeordnetenhauses geltend gemacht, daß diese Bestimmung dem beim Staate angelegten Kapital eine ungerechtfertigte Berücksichtigung vor den in Hypotheken belegten Geldern gewähre. Die Grundbücher unterlägen der Einsicht der Einschätzungskommission, das Staatsschuldbuch hingegen sei derselben verschlossen.

Dieses Bedenken fand jedoch keinen Anklang. Ob bei Einführung einer allgemeinen Deklarationspflicht des steuerpflichtigen Einkommens die gegenwärtige Bestimmung aufrecht zu erhalten sei, brauche dann erst geregelt zu werden (s. B. d. R. Nr. 92 der Drucksachen, Nr. 217 S. 14).

Jene Bestimmung ist aber auch nach Einführung der Deklarationspflicht aufrecht erhalten worden; § 35 letzter Absatz des Gesetzes vom 24. Juni 1891 (G.S. S. 175) lautet:

> Sämmtliche Staats- und Kommunalbehörden haben die Einsicht aller die Einkommensverhältnisse der Steuerpflichtigen betreffenden Bücher, Akten, Urkunden usw. zu gestatten und auf Ersuchen Abschriften aus denselben zu ertheilen, *sofern nicht besondere gesetzliche Bestimmungen oder dienstliche Rücksichten entgegenstehen* ꝛc.

S. auch Art. 47 II Nr. 6 der Anweisung des Finanzministers vom 5. August 1891 zur Ausführung des Gesetzes vom 24. Juni 1891.

Dieselbe Bestimmung enthält § 25 Abs. 5 des Ergänzungssteuergesetzes vom 14. Juli 1893 (G.S. S. 134) und Art. 26 Nr. 5 Abs. 2 der Anweisung des Finanzministers vom 3. April 1894.

Der § 31 des Stempelsteuergesetzes vom 31. Juli 1895 (G.S. S. 413) enthält allerdings jene Einschränkung „sofern nicht besondere gesetzliche Bestimmungen entgegenstehen" nicht. Weshalb nicht, ist aus den Materialien zu diesem Gesetze nicht zu ersehen. Indessen hätte jener einschränkende Zusatz auch fortbleiben können. Stehen besondere, also Spezialgesetze entgegen, so schließen sie die Anwendbarkeit der generellen Vorschrift aus, ohne daß dies besonders hervorgehoben zu werden braucht.

Es wäre auch kaum ersichtlich, weshalb den Stempelsteuerämtern Befugnisse beigelegt sein sollten, welche den Veranlagungskommissionen versagt sind.

Aus dem B. d. K. ist noch zu erwähnen, daß man darüber einig war, daß unter eingetragenem Gläubiger auch Pfandgläubiger, Nießbraucher und sonstige im Buche vermerkte Berechtigte, unter gesetzlichem Vertreter auch Konkursverwalter zu verstehen seien.

Ferner wird man zu denjenigen Personen, welchen Auskunft zu ertheilen ist, auch den gesetzlichen Vertreter der Rechtsnachfolger von Todeswegen, den Nachlaßpfleger, den Nachlaßkonkursverwalter und den Testamentsvollstrecker zu rechnen haben. (S. Anm. 3e u. g zu § 7).

5) Hierzu ist folgendes zu bemerken:

a. Nach Art. 176 des Einführungsgesetzes zum Bürgerlichen Gesetzbuche findet die Außerkurssetzung von Inhaberpapieren nach dem Inkrafttreten des Bürgerlichen Gesetzbuchs nicht mehr statt. Eine vorher erfolgte Außerkurssetzung verliert mit dem Inkrafttreten des Bürgerlichen Gesetzbuchs ihre Wirkung.

Hiernach steht eine auf der Schuldverschreibung befindliche Außerkurssetzung, wie auch eine nicht ordnungsmäßig erfolgte Wiederinkurssetzung der Umlaufsfähigkeit der Schuldverschreibung nicht entgegen.

b. An die Stelle des Gesetzes vom 4. Mai 1843 und

der Verordnung vom 16. August 1867 ist der § 798 B.G.B. getreten. Derselbe lautet:

Ist eine Schuldverschreibung auf den Inhaber in Folge einer Beschädigung zum Umlaufe nicht mehr geeignet, so kann der Inhaber, sofern ihr wesentlicher Inhalt und ihre Unterscheidungsmerkmale noch mit Sicherheit erkennbar sind, von dem Aussteller die Ertheilung einer neuen Schuldverschreibung auf den Inhaber gegen Aushändigung der beschädigten oder verunstalteten verlangen. Die Kosten hat er zu tragen und vorzuschießen.

Ist die Schuldverschreibung hiernach umschreibungsfähig, so kann sie zur Umwandlung in eine Buchschuld eingereicht werden, ohne daß zuvor ihre Umschreibung zu erfolgen hätte.

c. Die Bestimmung, daß den Schuldverschreibungen, welche in einem dem Fälligkeitstermin der Zinsen vorangehenden Monat eingereicht werden, die nächstfälligen Zinsscheine nicht beizufügen sind, ist durch die Geschäftseinrichtung bedingt (s. auch § 22 des Ges. v. 20. Juli 1883). In dem der Fälligkeit vorangehenden Monat müssen auf Grund der Staatsschuldbücher die Zinsennachweisungen, nach welchen am nächsten Fälligkeitstermin die Zinsen zu zahlen sind, aufgestellt werden. Es muß also in den Eintragungen eine Pause eintreten. Werden daher z. B. im Dezember Schuldverschreibungen mit Januar — Julizinsen eingereicht, so kann die Forderung nur mit Zinsen vom 1. Januar des nächsten Jahres ab eingetragen werden. Den Schuldverschreibungen sind daher nur die am 1. Juli nächsten Jahres fälligen Zinsscheine beizufügen.

§. 3.

Die Eintragung einer Buchschuld geschieht auf Antrag des Inhabers[1]) und auf den Namen der in dem Antrage als Gläubiger bezeichneten Person.[2])

Artikel 2.

(§. 3 des Gesetzes.)

1. Zu dem Antrag auf Eintragung einer Buchschuld ist das beiliegende Muster II zu benutzen.

nlage II.

2. Die Bezeichnung des Gläubigers muß so genau erfolgen, daß die Unterscheidung von einem anderen mit Sicherheit geschehen kann.

   Bei physischen Personen sind anzugeben:
   a) der Familienname,
   b) die Vornamen,
   c) bei Frauen auch der Geburtsname,
   d) der Beruf oder Stand,
   e) der Wohnort und soweit erforderlich, die Wohnung.

   Bei großjährigen unter Vormundschaft stehenden Personen ist der Grund der Entmündigung (z. B. entmündigt wegen Geisteskrankheit), bei minderjährigen Personen ihr Geburtstag und Geburtsort oder Name, Stand und letzter Wohnort des Vaters anzugeben.

3. Die gleichen genauen Angaben (s. 2a bis e) sind erforderlich für die als zum Zinsempfang berechtigt bestellten physischen Personen, seien dies nun Bevollmächtigte oder Vormünder oder andere gesetzliche Vertreter.[3]

4. Etwaige Beschränkungen der Gläubiger in Bezug auf Kapital oder Zinsen sind am Schluß zu beantragen.

5. Soll die Eintragung auf den Namen einer juristischen Person, Handelsfirma, eingetragenen Genossenschaft oder eingeschriebenen Hülfskasse[4]) geschehen, so ist, soweit es nicht notorisch, dem Antrage das Zeugniß der zuständigen öffentlichen Behörde beizufügen, durch welches dargethan wird, bei den juristischen Personen, daß sie rechtliche Existenz und ihren Wohnsitz im Gebiete des Deutschen Reichs haben, bei den Firmen, daß sie mit der angegebenen Bezeichnung und Wohnung im Handelsregister, bei eingetragenen Genossenschaften, daß sie in einem Genossenschaftsregister im Gebiete des Deutschen Reichs eingetragen, und bei eingeschriebenen Hülfskassen, daß sie als Kassen innerhalb dieses Gebiets zugelassen sind.

   Soll die Eintragung auf den Namen einer Vermögensmasse erfolgen, deren Verwaltung von einer öffentlichen Behörde geführt oder beaufsichtigt wird, so ist die Hauptverwaltung der Staatsschulden befugt, zu verlangen, daß durch geeignete Urkunden die Eigenschaft der Behörde als einer öffentlichen und ihre Zuständigkeit nachgewiesen werde.[5])

6. Werden Schuldverschreibungen mit verschiedenen Zinssätzen gleichzeitig zur Umwandlung eingereicht, so sind für dieselben getrennte Anträge zu stellen.

7. Jedem Antrage ist ein besonderes Verzeichniß

Anlage III.

nach dem beiliegenden Muster III beizufügen, in welchem die mit dem Antrage überreichten Schuldverschreibungen nach Littera, Nummer und Nennbetrag aufgeführt sind. Die Schuldverschreibungen sind nach den Littern, und innerhalb dieser nach der Nummerfolge zu ordnen. Liegen einem Antrage zu verschiedenen Terminen verzinsliche Schuldverschreibungen bei (z. B. 3½ vormals 4 prozentige Schuldverschreibungen theils mit Januar—Juli-, theils mit April—Oktober-Zinsen), so sind die betreffenden Schuldgattungen in dem Verzeichnisse gesondert, unter sich ebenfalls nach den Littern und innerhalb dieser, nach der Nummerfolge geordnet, aufzuführen.

8. Der Einlieferer erhält sofort nach dem Eingange einen Empfangschein über Zahl und Nennbetrag der eingelieferten Werthpapiere.

Der Schein muß von dem Rendanten und dem Oberbuchhalter des Staatsschuldbuchbüreaus oder von deren Stellvertretern unterschrieben sein.

9. Jede Eintragung in das Staatsschuldbuch wird von einem Mitgliede der Hauptverwaltung der Staatsschulden und dem Buchführer unterschrieben.

10. Die Hauptverwaltung der Staatsschulden ist befugt, Ergänzungen der in den Gesuchen gemachten Angaben zu erfordern, sofern dies

zur Klarstellung der in dem Staatsschuldbuch zu bewirkenden Eintragungen angezeigt erscheint. Ablehnende Bescheide sind mit Gründen zu versehen.

1) Inhaber im Sinne dieses Paragraphen ist der Einlieferer der Obligationen (B. d. K.).

2) Das Wort „Person" ist nicht wörtlich zu nehmen, es umfaßt alle nach § 4 eintragungsfähigen Gläubigerkategorien.

3) Mithin kann auch ein Dritter, sei es eine physische Person, eine Firma 2c. als zum Empfange der Zinsen berechtigt eingetragen werden. Zum Widerruf der ertheilten Vollmacht genügt schriftliche Form, § 14 Abs. 1 Satz 2.

4) In Betreff der eingetragenen Genossenschaften s. § 10 und 13 des R.Ges. v. 20. Mai 1898 (R.G.Bl. S. 810) und wegen der eingeschriebenen Hülfskassen § 4 Abs. 4 und 5 des R.Ges. v. $\frac{\text{7. April 1876}}{\text{1. Juni 1884}}$ (R.G.Bl. S. 54) und Ausführungsanweisung des Ministers für Handel und Gewerbe und des Ministers des Innern vom 14. Juli 1884 in v. Brauchitsch, die neuen Preußischen Verwaltungsgesetze Bd. VI S. 25.

5) Diese Bestimmung erschien erforderlich in Betreff der außerdeutschen Behörden, deren Qualität als öffentliche Behörden und deren Zuständigkeit zu prüfen der Staatsschuldenverwaltung nicht zugemuthet werden kann.

§. 4.

Als Gläubiger können nur eingetragen werden:[1])

1. einzelne physische Personen,
2. einzelne Handelsfirmen,
3. einzelne eingetragene Genossenschaften, einzelne eingeschriebene Hülfskassen und einzelne juri-

stische Personen, welche im Gebiete des Deutschen Reichs ihren Sitz haben,

4. einzelne Vermögensmassen, wie Stiftungen, Anstalten, Familienfideikommisse, deren Verwaltung von einer öffentlichen Behörde oder unter deren Aufsicht geführt wird, oder deren Verwalter ihre Verfügungsbefugniß über die Masse durch eine gerichtliche oder notarielle Urkunde nachweisen.[2])

Einem Gläubiger wird nicht mehr als ein Konto im Staatsschuldbuch eröffnet.[3])

Artikel 1.

(§ 4 des Gesetzes vom 20. Juli 1883, Art. II des Gesetzes vom 8. Juni 1891).

1. Ueber die zu verschiedenen Zinssätzen erfolgenden Eintragungen werden getrennte Bücher geführt.[4])

Jedes dieser Bücher zerfällt in sieben Abtheilungen:

Abtheilung I für physische Personen (§ 4 Nr. 1 des Gesetzes vom 20. Juli 1883).

Abtheilung II für Handelsfirmen (§ 4 Nr. 2 daselbst).[5])

Abtheilung III für eingetragene Genossenschaften.[6])

Abtheilung IV für eingeschriebene Hülfskassen.[7])

Abtheilung V für juristische Personen,[8])

zu III bis V sofern sie im Gebiete des Deutschen Reichs ihren Sitz haben (§ 4 Nr. 3 daselbst).

Abtheilung VI für Vermögensmassen ohne juristische Persönlichkeit, wie Stiftungen, Anstalten, Familienfideikommisse, deren Verwaltung von einer öffentlichen Behörde[1]) oder unter deren Aufsicht geführt wird (§ 4 Nr. 4 daselbst mit der Aenderung des Artikels II des Gesetzes vom 8. Juni 1891).

Abtheilung VII für Vermögensmassen, deren Verwalter ihre Verfügungsbefugniß über die Masse durch eine gerichtliche oder notarielle Urkunde nachweisen (ebendaselbst).

Für jede Abtheilung werden soviel einzelne Konten angelegt, als Gläubiger einzutragen sind. Jedes Konto wird nach dem beifolgenden Muster I eingerichtet. Anlage.

Zu jeder Abtheilung ist ein alphabetisches Namenregister zu führen.

1) z. B. d. R. Es ist zum Ausdruck gebracht, daß für mehr als einen Betrag nicht gleichzeitig derselbe Gläubiger und für jeden einzelnen Betrag nicht mehr als ein Gläubiger eingetragen werden kann. Zur Vermeidung von Verdunkelungen und zweckloser Mehrarbeit ist es erforderlich, daß das Rechtsverhältniß zwischen dem Gläubiger und dem Staate auf das einfachste konstituirt und erhalten werde. Ausgeschlossen soll deshalb die Eintragung kollektiv Berechtigter sein, welche zu Zweifeln und Differenzen über die Theilnahmerechte Anlaß geben kann und bei Veränderungen die Führung der Legitimation sehr erschwert. Die Eintragung von Handelsgesellschaften, Genossen-

schaften zc., welche Rechte unter ihrer Firma zu erwerben den Gesetzen nach fähig sind, bezw. solchen Massen, deren Verwaltung innerhalb des Gebiets des Deutschen Reichs von einer öffentlichen Behörde oder unter deren Aufsicht geführt wird, wird dadurch nicht gehindert.

Daß gleichzeitig derselbe Gläubiger nicht für mehr als einen Betrag eingetragen werden soll, rechtfertigt sich gleichfalls durch die gebotene Rücksicht auf thunlichste Vereinfachung der Verwaltung und steht im Hinblick darauf, daß der § 1 die Eintragung jeder beliebig hohen Summe, über welche Schuldverschreibungen ausgefertigt sind, und der § 6 jede Umschreibung zuläßt, soweit die zu übertragenden Theile in Stücken der vierprozentigen konsolidirten Anleihe darstellbar sind, mit keinem berechtigten Interesse im Widerspruch.

b. B. d. K. Die Kommission war damit einverstanden, daß zur Vereinfachung der Thätigkeit der Staatsschuldenverwaltung die Eintragung auf die hier angeführten Gläubigergattungen zu beschränken sei. Gegen die Eintragung in- und ausländischer Firmen erhob sich kein Widerspruch. Dagegen wurde es für angemessen erachtet, eingetragene Genossenschaften, eingeschriebene Hülfskassen und juristische Personen sämmtlich nur dann zuzulassen, wenn sie im Gebiete des Deutschen Reichs ihren Sitz hätten, um die Staatsschuldenverwaltung davon zu befreien, in die schwierige Untersuchung über die Rechtsbeständigkeit und Verfügungsfähigkeit solcher ausländischen Anstalten einzutreten. Deshalb ist die Ziffer 3 bereits hinter das Wort „Handelsfirmen" gesetzt worden. Wenn unter Nr. 4 hinter Vermögensmassen das Wort „wie" eingeschoben ist, unter Streichung der Klammer, so hat damit angedeutet werden sollen, daß die Worte „Stiftungen, Anstalten, Familienfideikommisse" nur Beispiele seien —.

Die Reichsangehörigkeit ist hiernach, und dies ist Gesetz geworden, von der Kommission als Voraussetzung der Eintragungsfähigkeit nicht nur der juristischen Personen (Regierungsvorlage) sondern auch der eingetragenen Genossenschaften und eingeschriebenen Hülfskassen festgesetzt worden.

2) Nach § 4 Nr. 4 des Gesetzes vom 20. Juli 1883 waren nur solche Vermögensmassen eintragungsfähig, deren Verwaltung innerhalb des Deutschen Reichs von einer öffentlichen Behörde oder unter deren Aufsicht geführt wird.

Abändernd bestimmt Artikel II des Gesetzes vom 8. Juni 1891:

An Stelle des § 4 Nr. 4 des Gesetzes vom 20. Juli 1883 tritt folgende Vorschrift:

4. Einzelne Vermögensmassen, wie Stiftungen, Anstalten, Familienfideikommisse, deren Verwaltung von einer öffentlichen Behörde oder unter deren Aufsicht geführt wird, oder deren Verwalter ihre Verfügungsbefugniß über die Masse durch eine gerichtliche oder notarielle Urkunde nachweisen.

In der B. d. R. heißt es:

„Es ist vielfach das Bedürfniß einer Erweiterung des Kreises der nach § 4 eintragungsfähigen Gläubiger hervorgetreten. Namentlich ist es als ein Mangel empfunden worden, daß ausländische Vermögensmassen ganz, inländische aber insoweit ausgeschlossen sind, als sie nicht unter behördlicher Aufsicht stehen. Der Entwurf trägt dem Rechnung. Dadurch, daß die Verfügungsbefugniß der Verwalter der Masse durch eine gerichtliche oder notarielle Urkunde bescheinigt wird, bleibt die Hauptverwaltung von der eigenen verantwortlichen Prüfung befreit."

Praktisch ist die neue Bestimmung hauptsächlich insofern geworden, als seit ihrer Geltung vielfach auch Nachlaß- oder Erbschaftsmassen zur Eintragung gelangt sind, welche, ohne Konkurrenz einer öffentlichen Behörde, von zur Verfügung über die Masse befugten Testamentsvollstreckern verwaltet werden.

In diesen Fällen genügt zur Darlegung der Eintragungsfähigkeit die Beibringung einer Ausfertigung des gerichtlich oder notariell errichteten, oder doch vom Gericht oder Notar in Verwahrung genommenen Testaments nebst Annahme- und Eröffnungsverhandlung, auch ein dem Testamentsvollstrecker ertheiltes Zeugniß des Nachlaßgerichts, s. §§ 2231 ff. und § 2368 B.G.B.

3) Selbstverständlich schließt diese Bestimmung nicht aus, daß einem Gläubiger in jedem der nach den verschiedenen Zinssätzen getrennt geführten Büchern ein besonderes Konto eröffnet wird. Zur Zeit werden drei Bücher geführt, über die $3\frac{1}{2}$ vormals 4, die $3\frac{1}{2}$ und die 3prozentige konsolidirte Staatsanleihe. Die beiden ersteren Anleihen müssen einstweilen getrennt gehalten werden, da für jede derselben bis zum 1. April 1905 verschiedene Kündigungsbedingungen gelten, s. § 10 des Gesetzes, betreffend die Kündigung und Umwandlung der vierprozentigen konsolidirten Staatsanleihe, vom 23. Dezember 1896 (G.S. S. 269).

4) S. Art. I des Gesetzes vom 8 Juni 1891.

5 bis 9) S. Art. 2 Nr. 5 der A. d. F.

§. 5.

Mit der Eintragung erlöschen die Rechte des Inhabers an den eingelieferten Schuldverschreibungen.[1])

Im Uebrigen finden die für die (vierprozentige) konsolidirte Anleihe geltenden Vorschriften auf die eingetragene Forderung entsprechende Anwendung.[2])

1) a. B. d. K.

Absatz 1. „Die Art der Vernichtung der eingelieferten Inhaberobligationen bestimmt der § 23 sub 2 dieses Entwurfs."

Die Effekten werden nach Anordnung der Eintragung mittels Durchlochung kassirt und sodann in angemessenen Zeiträumen durch Feuer vernichtet.

b. Mit der Eintragung erlischt das Recht des Inhabers und beginnt das Recht des eingetragenen Gläubigers. Sein Recht wird also begründet durch die Eintragung. Es besteht in dem Anspruche auf Ausreichung von Schuldverschreibungen zu gleichem Nennwerthe nebst Zinsscheinen und Zinserneuerungsscheinen und auf Verzinsung. Letztere erfolgt zu denselben Terminen, zu welchen die eingelieferten Zinsscheine fällig waren.

2) B. d. K.

Absatz 2. „Die hier gedachten Vorschriften sind wesentlich die des Konsolidationsgesetzes vom 19. Dezember 1869, die vierjährige Verjährungsfrist für die Zinsen, die Vorschriften über pupillarische Sicherheit und über Kautionen."

Hierzu ist folgendes zu bemerken:

a. Die Verpflichtung zur Stellung von Amtskautionen ist hinsichtlich der Staatsbeamten aufgehoben, s. Gesetz vom 7. März 1898 (G.S. S. 19).

Die Tilgung der konsolidirten Anleihen ist durch § 2 Abs. 1 und 2 des Gesetzes vom 19. Dezember 1869 und das Gesetz, betreffend die Tilgung der Staatsschulden vom 8. März 1897 (G.S. S. 43) geregelt.

Die Ausloosung ist beseitigt. Hieraus ergiebt sich, daß nur die konsolidirten Anleihen, nicht aber die der Ausloosung unterliegenden, wie z. B. die nunmehr getilgten Staatsschuldscheine, ferner die Eisenbahnprioritätsobligationen u. s. w. sich zur Eintragung in das Staatsschuldbuch eignen. Würden die der Ausloosung unterliegenden Papiere zugelassen, so würde der gesetzlich aufzustellende Tilgungsplan nicht aufrecht erhalten werden können.

Zu beachten ist § 2 Abs. 3 des Gesetzes vom 19. Dezember 1869, nach welchem dem Staate (also nicht dem Gläubiger) das Recht vorbehalten wurde, vom 1. Januar 1885 ab die in Umlauf befindlichen Schuldverschreibungen zur Einlösung des Kapitalbetrages binnen einer alsdann gesetzlich festzusetzenden Frist zu kündigen. Von dieser Befugniß ist bekanntlich bereits durch Gesetz vom 4. März 1885 (G.S. S. 55) hinsichtlich der 4 ½ prozentigen Anleihe Gebrauch gemacht worden. Mit Rücksicht hierauf erstreckte sich das Gesetz vom 20. Juli 1883 nur auf die vierprozentige konsolidirte Anleihe. Letztere ist erst durch Gesetz vom 23. Dezember 1896 (G.S. S. 269) in eine 3 ½ prozentige verwandelt worden.

b. Nach § 3 Abs. 2 des Gesetzes vom 19. Dezember 1869 verjähren nicht abgehobene Zinsen in vier Jahren, von der Verfallzeit an gerechnet, zum Vortheil des allgemeinen Staatsfonds.

Jetzt ist für die Zinsscheine der Schuldverschreibungen maßgebend der § 801 Abs. 2 des B.G.B. in Verbindung mit § 3 des Kleinbahngesetzes vom 25. Mai 1900 (G.S. S. 129). Danach beginnt hinsichtlich der Zinsscheine die Vorlegungsfrist von vier Jahren mit dem Schlusse des Jahres, in welchem die für die Leistung bestimmte Zeit eintritt.

Dieselbe Bestimmung muß auch für Schuldbuchzinsen gelten, weil, wenn auch bei ihnen von einer Vorlegungsfrist nicht die Rede sein kann, für sie die für die konsolidirte Anleihe geltenden Vorschriften Anwendung finden, und selbstverständlich nicht für beide Arten von Zinsansprüchen verschiedene Bestimmungen hinsichtlich der Ausschlußfrist gelten können.

c. S. §§ 232 und 236 B.G.B. (Sicherheitsleistung) und § 1807 Nr. 2 ebend. (Anlegung von Mündelgeldern).

§. 6.

Eingetragene Forderungen können durch Zuschreibung erhöht, ganz oder theilweise auf andere Konten übertragen und ganz oder theilweise gelöscht werden.

Theilübertragungen und Theillöschungen sind jedoch nur zulässig, sofern die Theilbeträge in Stücken von Schuldverschreibungen der (vierprozentigen) konsolidirten Anleihe darstellbar sind.

Im Falle gänzlicher oder theilweiser Löschung der eingetragenen Forderung erfolgt die Ausreichung von Schuldverschreibungen der (vierprozentigen) konsolidirten Anleihe zu gleichem Nennwerthe, zu deren Anfertigung die Hauptverwaltung der Staatsschulden hierdurch ermächtigt wird.[1])

Artikel 3.

(§. 6 des Gesetzes.)

Bei Theilübertragungen und Theillöschungen müssen sowohl die Beträge, deren Uebertragung oder Löschung beantragt wird, als auch die Restbeträge, über welche eine Verfügung nicht stattfinden soll, in Schuldverschreibungen der betreffenden konsolidirten Anleihe darstellbar sein. Dies gilt für jeden Posten besonders, falls es sich um Eintragungen handelt, welche aus mehreren, zu verschiedenen Terminen verzinslichen Posten zusammengesetzt sind.[2])

1) Die Worte am Schlusse des Abs. 3: „zu deren Anfertigung die Hauptverwaltung der Staatsschulden hierdurch ermächtigt wird" sind auf Antrag des Grafen zur Lippe vom Herrenhause hinzugefügt worden.

Unter Anfertigung ist An- und Ausfertigung zu verstehen, § 793 Abs. 2 Satz 1 B.G.B., Art 100 Nr. 1 des E.G. zum B.G.B. und Art. 17 Nr. 1 des Pr. A.G. zum B.G.B.

Siehe auch Anm. zu § 23 Nr. 1 des Gesetzes vom 20. Juli 1883.

Einer vorherigen Kündigung der zu löschenden Forderung bedarf es nicht.

2) Ist z. B. eine Forderung von 4000 Mk. eingetragen, so kann nicht beantragt werden, daß dieselbe in Höhe von 3900 Mk. gelöscht werde; denn wenn auch der letztere Betrag darstellbar ist, so ist doch der Rest — 100 Mk. — nicht darstellbar, da die kleinsten Stücke über 150 Mk. lauten. Es kann also nur die Löschung von 3850 Mk., wenn noch ein Rest im Buche verbleiben soll, beantragt werden, anderenfalls müßte die ganze Forderung gelöscht werden.

Setzt sich die Forderung von 4000 Mk. aus 2000 Mk. mit Januar—Juli- und 2000 Mk. mit April—Oktoberzinsen zusammen, so kann nicht beantragt werden, daß je 250 Mk., zusammen 500 Mk gelöscht werden, denn wenn auch dieser Betrag und der verbleibende Restbetrag (1750 und 1750 Mk.) ebenfalls darstellbar sein würde, so ist dies doch nicht hinsichtlich des Betrages von 250 Mk. der Fall.

§. 7.[1])

Zur Stellung von Anträgen[2]) auf Uebertragung eingetragener Forderungen auf ein anderes Konto, auf Eintragung und auf Löschung von Vermerken über Veränderungen im Schuldverhältnisse (§. 2 Abs. 2), sowie auf Ausreichung von Staatsschuldverschreibungen gegen Löschung der eingetragenen Forderung sind nur der eingetragene Gläubiger, seine gesetzlichen Vertreter[3]) und Bevollmächtigen, sowie diejenigen Personen berechtigt, auf welche die eingetragene Forderung von Todeswegen übergegangen ist.[4]) Zur Stellung von Anträgen für eine Firma gilt für berechtigt, wer zur Zeichnung der Firma berechtigt ist;[5]) zur Stellung von Anträgen für die im §. 4 Nr. 4 gedachten Vermögensmassen die daselbst genannte Behörde oder die von derselben bezeichnete Person[6]) bezw. die gemäß §. 4 Nr. 4 zur Verfügung über die Masse befugten Verwalter.[7])

Zur Löschung von Vermerken zu Gunsten Dritter bedarf es der Zustimmung derselben mit Ausnahme des im §. 14 gedachten Falles.[8])

Verfügungen über eingetragene Forderungen, wie Abtretungen, Verpfändungen, erlangen dem Staate gegenüber nur durch die Eintragung Wirksamkeit.[9])

Eine Pfändung oder vorläufige Beschlagnahme der eingetragenen Forderung im Wege der Zwangsvollstreckung oder des Arrestes, sowie eine durch eine einstweilige gerichtliche Verfügung angeordnete Beschränkung des eingetragenen Gläubigers ist von Amtswegen auf dem Konto zu vermerken, beziehentlich nach erfolgter Beseitigung dieser Anordnungen zu löschen. Wird eine gepfändete Forderung an Zahlungsstatt überwiesen, so ist dieselbe vorbehaltlich der Bestimmung im §. 16 Nr. 2 im Staatsschuldbuche zu übertragen.[10])

Eine Prüfung der Gültigkeit der den Anträgen zu Grunde liegenden Rechtsgeschäfte findet nicht statt.[11])

Artikel 4.

(§. 7 des Gesetzes.)

Von den Vertretern der Handelsfirmen, der eingetragenen Genossenschaften und der eingeschriebenen Hülfskassen ist bei Stellung der im §. 7 des Gesetzes vom 20. Juli 1883 bezeichneten Anträge durch eine öffentliche Urkunde der Nachweis zu erbringen, daß die Antragsteller zur Zeichnung für die Firma bezw. zur Vertretung der Genossenschaft oder Kasse[12]) legitimirt sind.

Ob die Verwalter der im Art. II des Gesetzes vom 8. Juni 1891 erwähnten Vermögensmassen bei Stellung eines Antrages nach §. 7 a. a. O. von Neuem eine gerichtliche oder notarielle Urkunde, welche sie zur Verfügung über die Masse legitimirt, beizubringen haben, darüber hat in jedem einzelnen Falle die Hauptverwaltung der Staatsschulden zu entscheiden.

1) a. B. d. R.

„§ 7 spricht den Grundsatz aus, daß zu Verfügungen über die eingetragene Forderung nur der eingetragene Gläubiger, die gesetzlichen Vertreter und Bevollmächtigten, sowie die Erben desselben berechtigt sind. Diese Bestimmung folgt aus dem Grundsatze, daß die Hauptverwaltung der Staatsschulden die Gültigkeit der Verträge, auf welchen der Eintragungsantrag beruht, nicht zu prüfen haben soll. Auch gebietet die Sicherheit des eingetragenen Gläubigers, daß alle Anträge auf Aenderungen der Eintragung von ihm selbst oder von denjenigen Personen ausgehen, welche von ihm oder durch das Gesetz berufen sind, an seiner Statt zu verfügen. Eine Ausnahme muß allerdings in Bezug auf Pfändungen, vorläufige Beschlagnahmen, Ueberweisungen an Zahlungsstatt 2c. stattfinden.

Die Pfändung beziehungsweise vorläufige Beschlagnahme ist nach Lage der gesetzlichen Vorschriften mit der durch den Gerichtsvollzieher erfolgten Zustellung des Pfändungsbeschlusses, hier also an die durch die Hauptverwaltung der Staatsschulden vertretene Staatskasse als bewirkt anzusehen (§ 730 Abs. 3, § 744 Abs. 2 C.P.O.)*) Das Gleiche gilt von den im Verwaltungszwangsverfahren erfolgenden Pfändungen (§ 42 Abs. 3, Verordnung vom 7. September 1879, G.S. S. 591.)**) Ferner erlangt im Falle des Erlasses einer einstweiligen Verfügung die Anordnung des Gerichts der Hauptverwaltung gegenüber mit Zustellung des Gebots oder Verbots die volle Wirksamkeit. Endlich kann, wenn eine richterliche Entscheidung, durch welche eine eingetragene Forderung dem nicht eingetragenen Kläger rechtskräftig zugesprochen ist, oder wenn eine eingetragene Forderung im Wege der Zwangsvollstreckung überwiesen worden, nach den bestehenden Vorschriften der Antrag des eingetragenen Gläubigers nicht zur Voraussetzung des Eigenthumsüberganges gemacht werden.

Abgesehen davon, daß die Landesgesetzgebung nicht für befugt würde erachtet werden können, Vorschriften der Reichsgesetzgebung außer Kraft zu setzen, kann es auch nicht in der Absicht liegen, die Buchschuldforderungen für einen der Zwangsvollstreckung nicht unterworfenen Gegenstand zu erklären, indem einerseits der Kredit des eingetragenen Gläubigers wesentlich beschränkt, andrerseits das Recht der persönlichen Gläubiger des Letzteren auf Befriedigung aus dessen Vermögen zu sehr beeinträchtigt werden würde."

b. B. d. K.

„Ein Antrag, im Abs. 1 Zeile 8 die Worte „von Todeswegen" zu streichen, damit auch ein Cessionar, welcher

---

*) Jetzt § 829 Abs. 3 und § 845 Abs. 2.

**) Jetzt Verordnung vom 15. November 1899, betreffend das Verwaltungszwangsverfahren wegen Beitreibung von Geldbeträgen (G.S. S. 545).

eine Uebertragungsakte über die Staatsbuchschuld in Händen habe, seine Einschreibung als Gläubiger selbst beantragen könne, wenn der Cedent diesen Antrag zu stellen sich weigere, wurde abgelehnt, weil nach dem Prinzip des Gesetzes nur der eingetragene Gläubiger, abgesehen von richterlichen Verfügungen, Uebertragungsanträge stellen, die Einräumung dieser Befugniß an den Cessionar zur Folge haben könne, daß eine ganze Kette von Cessionen sich bildete, und daß, wenn endlich die Eintragung vom letzten Cessionar beantragt würde, die Staatsschuldenverwaltung diese ganze Subcessionskette nachzuprüfen haben würde."

2) Wegen der Form der Anträge s. § 10 Abs. 1 und 2 und § 11.

3) a. Der Vormund des eingetragenen Gläubigers kann — soweit das B.G.B. zur Anwendung kommt — über die eingetragene Forderung nur mit Genehmigung des Gegenvormundes verfügen.

Die Genehmigung des Gegenvormundes wird durch die Genehmigung des Vormundschaftsgerichts ersetzt.

Ist ein Gegenvormund nicht vorhanden, so tritt an die Stelle der Genehmigung des Gegenvormundes die Genehmigung des Vormundschaftsgerichts, sofern nicht die Vormundschaft von mehreren Vormündern gemeinschaftlich geführt wird; § 1812 B.G.B.

Wegen befreiter Vormundschaft s. §§ 1852 und 1853 ebendas.

b. Der Pfleger bedarf der Genehmigung des Vormundschaftsgerichts bezw. des Gegenvormundes, § 1915 ebendas.

c. Dasselbe gilt vom Vormunde bezw. Pfleger der Rechtsnachfolger von Todeswegen.

d. Daß auch der Konkursverwalter als gesetzlicher Vertreter des eingetragenen Gläubigers anzusehen, ist bereits oben erwähnt, s. Anm. 4 zu § 2.

e. Als gesetzliche Vertreter der Erben dürften auch

der Nachlaßpfleger und der Nachlaßkonkursverwalter anzusehen sein:

α) Die Nachlaßpflegschaft sollte eine cura personae, nicht eine cura rei sein, s. Motive zum Entwurfe eines B.G.B. I. Lesung Bd. V S. 545. Dies ist im § 2059 des Entwurfs deutlich zum Ausdruck gebracht:

Ist der Erbe unbekannt, so bestimmt sich nach den Vorschriften des § 1742, inwiefern demjenigen, welcher der Erbe sein wird, ein Pfleger zu bestellen sei (Nachlaßpfleger).

Ein Nachlaßpfleger ist demjenigen, welcher Erbe sein wird, auf Antrag auch dann zu bestellen, wenn ein Nachlaßgläubiger vor der Annahme der Erbschaft von Seiten des berufenen Erben die Befriedigung aus dem Nachlasse verlangt und der Erbe für die Befriedigung nicht sorgt.

Auch zu § 2060 ebendas. wird in den Motiven betont, daß die Nachlaßpflegschaft eine cura personae, nicht eine cura rei sei, s. S. 548 ebendas. und demgemäß in § 2060 bestimmt, daß auf die Nachlaßpflegschaft im Wesentlichen die Vorschriften über die Pflegschaft Anwendung finden.

Diese Grundsätze hat das B.G.B. beibehalten, wie sich aus § 1960 deutlich ergiebt:

Das Nachlaßgericht kann .... für denjenigen, welcher Erbe wird, einen Pfleger (Nachlaßpfleger) bestellen.

Die Nachlaßverwaltung ist ebenfalls Nachlaßpflegschaft, s. §§ 1975 ff. und § 1984.

β) Ist der Konkursverwalter gesetzlicher Vertreter des eingetragenen Gläubigers, so ist auch der Nachlaßkonkursverwalter als gesetzlicher Vertreter seiner Erben anzusehen.

f. Gesetzliche Vertreter sind in Ausübung der elterlichen Gewalt der Vater und die Mutter des eingetragenen Gläubigers, s. insbesondere §§ 1630, 1684, 1686, 1687, 1690 und im Falle des § 1693 der der Mutter bestellte Beistand. Ob ein solcher der Mutter bestellt ist, muß bei

Prüfung ihrer Legitimation ermittelt werden, was oft recht umständlich sein wird.

g. Die rechtliche Stellung des Testamentsvollstreckers ist in dem B.G.B. nicht definirt. Man wird nicht fehl gehen, wenn man den Grund hierfür aus den Motiven I. Lesung Band V S. 217 entnimmt. Dort heißt es, nachdem hervorgehoben, daß die Ansichten über die rechtliche Natur des Testamentsvollstreckers sehr auseinandergingen:

> Der Entwurf enthält sich einer prinzipiellen Vorschrift, soweit solche nicht dem § 1903 zu entnehmen sein möchte, und überläßt es der Wissenschaft, aus den aufgestellten Vorschriften das Endergebniß zu ziehen.

Der § 1903 lautet aber:

> Zur Erhebung eines Rechtsstreits, in welchem ein zum Nachlasse gehörendes Recht geltend gemacht wird, ist.... nur der Testamentsvollstrecker als gesetzlicher Vertreter des Erben berechtigt.

In dem entsprechenden § 2212 B.G.B. sind zwar die gesperrt gedruckten Worte fortgelassen worden, aber wohl nur deshalb, weil man in Uebereinstimmung mit den oben angegebenen Motiven jede Definition vermeiden und deshalb folgerichtig nicht an einer beliebigen Stelle eine solche mit unterlaufen lassen wollte. Nichts aber hindert uns, aus den gegebenen Vorschriften das „Endergebniß" zu ziehen und als solches stellt sich unzweifelhaft heraus, daß der Testamentsvollstrecker auch nach dem B.G.B. als gesetzlicher Vertreter der Erben anzusehen ist. Genügenden Anhalt bieten die §§ 2203, 2205, 2206 und 2207, 2218 und 2338 B.G.B. Ist der Testamentsvollstrecker durch den Erblasser nicht beschränkt, so ist er berechtigt, unter Ausschluß der Erben, über den Nachlaß zu verfügen. Er gehört dann zu den im § 7 Abs. 1 aufgeführten Personen.

4) Hiernach kann auch der Antrag, an Stelle des bisher (in Spalte 4) als zum Empfange der Zinsen berechtigt Eingetragenen einen Anderen einzutragen, nur von

dem eingetragenen Gläubiger, seinem gesetzlichen Vertreter rc. s. oben § 7, gestellt werden. Eine Ausnahme, wenn man es so nennen will, ist in der Praxis der Staatsschuldenverwaltung insofern zugelassen worden, daß auch derjenige, für welchen der Nießbrauch oder das Recht zum Zinsgenuß an der eingetragenen Forderung (in Spalte 3) vermerkt ist, zur Stellung eines solchen Antrages für befugt erachtet wird. Denn wenn auch durch die Eintragung des Nießbrauchs rc. unter den Parteien, d. h. dem eingetragenen Gläubiger und dem als Nießbraucher Eingetragenen, ein Nießbrauch nicht entsteht, so muß doch der so Eingetragene dem Staate gegenüber als Nießbraucher, d. h. als eingetragener Gläubiger in Betreff der Zinsen angesehen und deshalb für befugt erachtet werden, in Betreff dieser selbstständig Anträge zu stellen. Diese Auffassung erscheint um so unbedenklicher, als der als Nießbraucher rc. Eingetragene auch hinsichtlich der Auskunftsertheilung über den Inhalt des Buches dem eingetragenen Gläubiger gleichgestellt ist (s. oben Anm. 4 a. E. zu § 2 a. a. O.).

5) Gegen diese Bestimmung wurde das Bedenken geltend gemacht, daß bei der Veräußerung der — im Staatsschuldbuche eingetragenen — Firma die Buchforderung von der Veräußerung ausgeschlossen und so der Fall eintreten könne, daß ein materiell zur Verfügung nicht Berechtigter über die Forderung verfüge.

Gegen dieses Bedenken aber wurde bemerkt, daß eine solche Prüfung der Hauptverwaltung der Staatsschulden nicht auferlegt werden könne. Die Inhaber der Handelsfirmen seien in der Lage, sich die Forderungen zu erhalten, indem sie dieselben vor der Abtretung der Firma auf ihren Namen übertragen ließen. Wegen dieses verhältnißmäßig seltenen Falles könne der Firma nicht das Recht entzogen werden, durch den Zeichnungsberechtigten über die Forderung zu verfügen.

Dem ist beizutreten; das Prinzip, daß nur der eingetragene Gläubiger über die Forderung verfügen könne, würde anderen Falles ohne zwingenden Grund durchbrochen werden.

6) Ist in die für Vermögensmassen ohne juristische Persönlichkeit bestimmte Abtheilung VI — siehe § 4 Nr. 4 und Art. 1 Nr. 1 der A. d. F. — eine (ungetheilte) Vormundschafts- oder Pflegschaftsmasse eingetragen und als Behörde, welche die Verwaltung der Masse beaufsichtigt, das betreffende Amtsgericht, nachdem dieses seine Zustimmung hierzu erklärt, vermerkt worden, so bleibt dessen Zuständigkeit zur Stellung der im § 7 Abs. 1 erwähnten Anträge in Kraft, auch wenn die betheiligten Pfleglinge großjährig geworden sind und die Funktion des betreffenden Gerichts als Vormundschaftsgericht erloschen ist. Anderenfalls würde es an einem zur Stellung jener Anträge Berechtigten fehlen, da solche Anträge „nur" von den im § 7 Abs. 1 Aufgeführten gestellt werden können. Ein materielles Eindringen in die Sachlage und eine Untersuchung, wer an der Forderung partizipirt, bezw. in welchem Umfange, kann der Hauptverwaltung der Staatsschulden, der auch die erforderlichen Unterlagen und Mittel hierzu nicht zu Gebote stehen würden, nicht zugemuthet werden.

7) Siehe Art. II des Gesetzes vom 8. Juni 1891 a. E. Die Worte „beziehungsweise die gemäß § 4 Nr. 4 zur Verfügung über die Masse befugten Verwalter" wurden vom H. d. A. auf Antrag des Abgeordneten v. Cuny (s. Nr. 224 der Drucksachen) hinzugefügt. Ohne diesen Zusatz hätte es hinsichtlich dieser Vermögensmassen an einer zur Stellung der im § 7 Abs. 1 aufgeführten Anträge egitimirten Person gefehlt.

8) Die Worte „mit Ausnahme des im § 14 gedachten Falles" (d. h. wo die Beibringung des Todtenscheins genügt) wurden von der Kommission des H. d. A. hinzugefügt.

9) Siehe Anm. 1 b. Abtretungen können hiernach dem Staate gegenüber nur dadurch Wirksamkeit erlangen, wenn auf Grund des Antrages des nach § 7 Abs. 1 a. a. O. Berechtigten das bisherige Konto gelöscht und die Forderung auf ein neues Konto für den Erwerber übertragen wird. Durch die Löschung des Kontos werden aber auch die zu Gunsten Dritter eingetragenen Vermerke betroffen und es bedarf daher deren Zustimmung, § 7 Abs. 2 ebendas. Nur in einem Falle hat die Hauptverwaltung der Staatsschulden bei Uebertragung einer Forderung auf ein anderes Konto unter Mitübertragung des Beschränkungsvermerks von der Beibringung der Zustimmung dieses Dritten abgesehen, wenn nämlich für diesen eine Verpfändung eingetragen ist, indem man annahm, daß in diesem Falle für den Dritten jedes Interesse ausgeschlossen sei, wer als Gläubiger eingetragen ist. In diesem Falle ist daher ohne weiteres lediglich auf Antrag des eingetragenen Gläubigers die Forderung auf ein neues Konto übertragen und dort der Verpfändungsvermerk, wie er auf dem gelöschten Konto lautete, eingetragen worden.

Theoretisch ist vielleicht die Zulassung dieser Ausnahme nicht ganz unbedenklich, wenn auch vom praktischen Standpunkt aus hiergegen nichts zu erinnern sein möchte.

10) Diese Bestimmung ist unausführbar. Die Forderung des eingetragenen Gläubigers gegen den Staat ist keine Geldforderung, besteht vielmehr — abgesehen von der Zinsenforderung, die eine Geldforderung ist, wegen deren aber nicht die Uebertragung der Kapitalforderung erfolgen kann — in einem Anspruch auf Leistung einer körperlichen Sache, d. h. entsprechender Schuldverschreibungen nebst Zubehör gegen Löschung der Buchschuld, § 6. Eine Ueberweisung solcher Forderung an Zahlungsstatt ist unzulässig, sie kann nur zur Einziehung überwiesen werden, §§ 835, 846 und 849 der C.P.O.

11) Die Verfügung über die Forderung erfolgt auf Grund einseitigen Antrages des Berechtigten. Die Haupt-

verwaltung der Staatsschulden hat also nur die Rechtsgültigkeit des Antrages, nicht auch diejenige des ihm zu Grunde liegenden Rechtsgeschäfts zu prüfen. Wird also z. B. die Eintragung eines Nießbrauchsrechts beantragt, so ist nur zu prüfen, ob der Antrag selbst dem Staatsschuldbuchgesetze entspricht. Das zu Grunde liegende Rechtsgeschäft ist für die Staatsschuldenverwaltung unerheblich. Dem Staate gegenüber gilt der Eingetragene als Nießbraucher, selbst wenn wegen eines Mangels in dem der Eintragung zu Grunde liegenden Rechtsgeschäfte ein Nießbrauch für den in Folge des Antrages Eingetragenen gegenüber dem Buchgläubiger gar nicht zu Stande gekommen wäre.

Ob aber der Antrag selbst als Rechtsgeschäft anzusehen, ist zweifelhaft. Das B.G.B. enthält keine Begriffsbestimmung für Rechtsgeschäfte. Bornemann (von Rechtsgeschäften überhaupt und Verträgen insbesondere, nach Preußischem Rechte) versteht darunter alle erlaubten Handlungen, welche den Zweck haben, Rechtsverhältnisse zu bestimmen oder Rechtsveränderungen zu bewirken. Hiermit im Wesentlichen übereinstimmend äußern sich die Motive I. Lesung Band I S. 126: „Rechtsgeschäft im Sinne des Entwurfes ist eine Privatwillenserklärung, gerichtet auf die Hervorbringung eines rechtlichen Erfolges, welcher nach der Rechtsordnung deshalb eintritt, weil er gewollt ist. Das Wesen des Rechtsgeschäftes wird darin gefunden, daß ein auf die Hervorbringung rechtlicher Wirkungen gerichteter Wille sich bethätigt, und daß der Spruch der Rechtsordnung in Anerkennung dieses Willens die gewollte rechtliche Gestaltung in der Rechtswelt verwirklicht. — — —

Unter Willenserklärung wird die rechtsgeschäftliche Willenserklärung verstanden. Die Ausdrücke Willenserklärung und Rechtsgeschäft sind der Regel nach als gleichbedeutend gebraucht."

Schließt man sich dem an, so ist der Antrag unzweifelhaft ein Rechtsgeschäft und unterliegt als solches den für Rechtsgeschäfte geltenden Vorschriften, so namentlich auch dem § 181 B.G.B.

Nähme man an, der Antrag sei kein Rechtsgeschäft und § 181 deshalb nicht anwendbar, so käme man zu dem eigenthümlichen Resultate, daß man den Antrag eines Vertreters, eine eingetragene Forderung auf den eigenen Namen zu übertragen, zulassen müßte. Das aber ist sicher nicht der Wille des Gesetzgebers gewesen. Allerdings kann der Antrag des Vertreters auf Löschung und Herausgabe von Schuldverschreibungen nicht abgelehnt werden; bei einem solchen Antrage tritt aber auch nicht in die Erscheinung, daß er — wie bei der auf sich selbst beantragten Uebertragung — das Rechtsgeschäft lediglich mit sich vornimmt.

12) S. §§ 24 und 26 Abs. 2 des Reichsgesetzes vom 20. Mai 1898 (R.G.Bl. S. 110) und § 17 Abs. 1 und 2 des Reichsgesetzes vom $\frac{\text{7. April 1876}}{\text{1. Juni 1884}}$ (R.G.Bl. S. 54).

§. 8.

Die Eintragungen erfolgen in derselben Reihenfolge, in welcher die auf dasselbe Konto bezüglichen Anträge bei der Hauptverwaltung der Staatsschulden eingegangen sind.[1])

1) Diese Vorschrift ist nur instruktioneller Natur und hätte ebensogut aus dem Gesetz fortgelassen werden können.

§. 9.

Eine Ehefrau wird, unbeschadet der Vorschriften des Artikel 97 Abs. 2 des Einführungsgesetzes zum Bürgerlichen Gesetzbuche, zu Anträgen ohne Zustimmung des Ehemannes zugelassen.[1])

1) Nach der Regierungsvorlage lautete § 9:

Ehefrauen werden zu Anträgen nur mit Zustimmung des Ehemannes, großjährige Personen unter väterlicher Gewalt ohne Zustimmung des Vaters zugelassen.

In der B. d. R. wurde ausgeführt, daß von der Hauptverwaltung die in der Regel mit großen Weitläufigkeiten für die Behörde und die Interessenten verbundene Verpflichtung abzuwenden sei, im Einzelfalle zu prüfen: ob die Zuziehung des Hausvaters nothwendig ist oder nicht. Diese Zuziehung obligatorisch vorzuschreiben, erscheine nicht angänglich, weil dadurch Schwierigkeiten der geschäftlichen Behandlung von der Hauptverwaltung der Staatsschulden auf den Verkehr übertragen würden. Die Besorgniß, es möchten Hausväter Anstand nehmen, von der Eintragung für die ihrem Nießbrauche unterworfenen, dem Hauskinde gehörigen Schuldverschreibungen Gebrauch zu machen, wenn diese über die eingetragenen Forderungen ohne ihre Zuziehung verfügen könnten, sei im Allgemeinen nicht und speziell deshalb nicht zu theilen, weil sich dieselben ihren Nießbrauch durch Eintragung ihres Nießbrauchsrechts in das Staatsschuldbuch sichern könnten.

Was dagegen die Ehefrauen betreffe, so erscheine es dem ehelichen Verhältnisse angemessen, die Zustimmung des Ehemannes zu allen Anträgen zu erfordern, durch welche über die eingetragenen Forderungen, die zu dem Vermögen derselben gehörten, verfügt werden solle.

Die Kommission fand hiergegen nichts zu erinnern, gleichwohl wurde vom Plenum des H. d. A. auf Antrag des Abgeordneten Dr. Köhler der § 9 dahin geändert, daß auch Ehefrauen ohne Zustimmung des Ehemannes zu Anträgen zuzulassen seien. Man hob hervor, daß die Frage, ob der Ehemann zuzuziehen sei oder nicht, vom Standpunkte der zur Anwendung kommenden ehelichen Güterrechte sehr verschieden zu beantworten, oft zu verneinen sei, und da der Staatsschuldenverwaltung die Entscheidung dieser Frage nicht zuzumuthen sei, erscheine es zweckmäßig, die Ehefrau ohne Zustimmung des Ehemannes zu Anträgen zuzulassen. (S. 71. Sitzung des H. d. A. vom 1. Juni 1883, S. 1888 ff.) So erhielt, nachdem Herrenhaus und Regierung zugestimmt, der § 9 folgende Fassung:

Ehefrauen und großjährige Personen unter väterlicher Gewalt werden zu Anträgen ohne Zustimmung des Ehemannes beziehungsweise des Vater zugelassen.

Durch Art. 16 I des Ausführunggesetzes zum B.G.B. vom 20. September 1899 (G.S. S. 177) hat endlich § 9 die im Texte wiedergegebene Fassung erhalten. Mit Einführung des B.G.B. ist die Bestimmung über das Antragsrecht großjähriger Personen ohne Zustimmung des Vaters überflüssig geworden, § 1626 daselbst. Was die Ehefrauen anlangt, so bestimmt Art. 97 des E.G. zum B.G.B. Folgendes:

Unberührt bleiben die landesgesetzlichen Vorschriften, welche die Eintragung von Gläubigern des Bundesstaats in ein Staatsschuldbuch und die aus der Eintragung sich ergebenden Rechtsverhältnisse, insbesondere die Uebertragung und Belastung einer Buchforderung, regeln.

Soweit nach diesen Vorschriften eine Ehefrau berechtigt ist, selbstständig Anträge zu stellen, ist dieses Recht ausgeschlossen, wenn ein Vermerk zu Gunsten des Ehemanns im Schuldbuch eingetragen ist. Ein solcher Vermerk ist einzutragen, wenn die Ehefrau oder mit ihrer Zustimmung der Ehemann die Eintragung beantragt. Die Ehefrau ist dem Ehemanne gegenüber zur Ertheilung der Zustimmung verpflichtet, wenn sie nach dem unter ihnen bestehenden Güterstand über die Buchforderung nur mit Zustimmung des Ehemanns verfügen kann.

Neu an dieser Bestimmung ist nur, daß entgegen dem Prinzip des § 7 Abs. 1, nunmehr auch der Ehemann (mit Zustimmung der Ehefrau) die Eintragung eines Beschränkungsvermerks beantragen kann. Alles Andere folgte schon aus dem Gesetz und ist selbstverständlich. Die ganze Bestimmung ist überflüssig, wenn auch unschädlich.

§. 10.[1])

Zum Antrage auf Eintragung einer Forderung[2]), sowie auf gleichzeitigen Vermerk einer Beschränkung des Gläubigers in Bezug auf Kapital oder Zinsen derselben[3]) und zur gleichzeitigen Ertheilung einer Vollmacht[4]) genügt schriftliche Form.

In allen anderen Fällen muß der Antrag gerichtlich oder notariell, oder von einem Konsul des Deutschen Reichs aufgenommen oder beglaubigt sein.[5])

Sind seit der Eintragung Aenderungen in der Person des Gläubigers (Verheirathung einer Frau, Aenderung des Gewerbes, Standes, Namens, Wohnorts) eingetreten, so kann verlangt werden, daß die Identität durch eine öffentliche Urkunde dargethan werde.

1) In der B. d. R. zu §§ 10 bis 12 werden die Legitimationsschwierigkeiten bei Namenobligationen hervorgehoben. Hierauf wird bei § 12 (Rechtsnachfolge von Todeswegen) zurückzukommen sein; so lange der Gläubiger lebt, sind diese Schwierigkeiten für die Staatsschuldenverwaltung nicht erheblich, da der Gläubiger bei Aufnahme oder Beglaubigung seines Antrages sich dem Gericht oder Notar gegenüber zu legitimiren hat. Gelänge es einem Betrüger, Letztere zu täuschen, so würde allerdings, z. B. bei Ausreichungen, der Staat in die Lage kommen können, doppelt leisten zu müssen, da das Schuldverhältniß nur erlischt, wenn die geschuldete Leistung an den Gläubiger bewirkt wird, § 362 Abs. 1 B.G.B. Es würde dann an den Betrüger, bezw. das Gericht oder den Notar Regreß zu nehmen sein. Seit dem Bestehen des Staatsschuldbuchs ist indessen ein solcher Fall noch nicht vorgekommen.

2) Sei es erste Eintragung oder Zuschreibung.

3) Der Einreicher der Schuldverschreibungen ist als Antragsteller legitimirt (§ 3) und kann daher gleichzeitig die Eintragung von Beschränkungen beantragen. Ist die Eintragung aber erfolgt, dann ist zur Stellung aller weiteren Anträge nur der eingetragene Gläubiger bezw. sein gesetzlicher Vertreter, Bevollmächtigter oder Rechtsnachfolger von Todeswegen berechtigt, § 7 Abs. 1; es muß daher feststehen, daß der Antrag von ihm bezw. seinem gesetzlichen Vertreter u. s. w. gestellt ist, daher die Vorschrift des § 10 Abs. 2.

Nur wenn eine Benachtheiligung des Antragstellers vollkommen ausgeschlossen ist, wird von der an sich erforderlichen Beglaubigung abgesehen. Dies ist der Fall, wenn sich Jemand als alleiniger Erbe des eingetragenen Gläubigers legitimirt und die Uebertragung der Forderung auf seinen Namen beantragt.

4) Die Worte: „und zur gleichzeitigen Ertheilung einer Vollmacht" sind auf Antrag der Kommission eingeschaltet worden, weil dadurch, daß gerade der Einlieferer der Obligationen gleichzeitig die Vollmacht ertheile, jeder Zweifel an ihrer Richtigkeit beseitigt werde (B. d. K.).

Die gleichzeitige Ertheilung einer Vollmacht hatte vor Einführung des B.G.B. kaum eine praktische Bedeutung, da der Bevollmächtigte sich durch Vorlegung der Vollmachtsurkunde zu legitimiren hatte, sobald er auf Grund seiner Vollmacht einen Antrag stellen wollte. Nach § 167 Abs. 1 B.G.B. kann allerdings die Ertheilung der Vollmacht durch Erklärung gegenüber dem Dritten erfolgen. Zur Eintragung aber eignet sich die Vollmacht nicht, die Einrichtung des Buchs gewährt hierfür keinen Raum. Es wird daher auch jetzt praktisch sein, dem Bevollmächtigten eine Vollmachtsurkunde zu ertheilen, s. §§ 10 Abs. 2 und 14 Abs. 1. Die Kraftloserklärung von Vollmachten, § 176 Abs. 1 B.G.B., wird von der Staatsschuldenverwaltung kontrollirt.

5) Regierungsseitig wurde hierzu in der Kommission bemerkt: Unter Antrag im Sinne dieses Absatzes sei nur das Verlangen des eingetragenen Berechtigten zu verstehen, die Aenderung an der Schuld im Buche vorzunehmen. Stände dieser Antrag in der Urkunde, so sei das Anschreiben, mit dem die Urkunde überreicht werde, überflüssig und bedürfe als unerhebliches Schriftstück auch nicht der Beglaubigung. Enthielte die einliegende Urkunde dagegen den Antrag nicht, so sei es der Antrag, welcher der Beglaubigung bedürfe, und die anliegende Urkunde, welche unerheblich sei, unterliege einer Formvorschrift nicht (B. d. K.).

§. 11.[1])

Der Antrag eines Taubstummen, Blinden, Schreibunkundigen oder einer der Deutschen Sprache nicht mächtigen Person bedarf zu seiner Gültigkeit der für die Verträge solcher Personen vorgeschriebenen Form.[2])

1) Die Vorschrift des § 11 kann sich nur auf die unter § 10 Abs. 2, nicht auch auf die unter § 10 Abs. 1 fallenden Anträge beziehen.

2) Der Preußischen Grundbuchordnung vom 5. Mai 1872 nachgebildet, § 34 das., jetzt § 29 der Grundbuchordnung vom 17./20. Mai 1898 (R.G.Bl. S. 754 ff.). Wegen der Form s. § 126 B.G.B. und ferner §§ 168, 169, 177 und 178 des Reichsgesetzes über die freiwillige Gerichtsbarkeit vom 17./20. Mai 1898 (R.G.Bl. S. 771 ff.). Vergl. auch § 1910 B.G.B.

§. 12.[1])

Rechtsnachfolger von Todeswegen[2]) haben sich, sofern ihre Berechtigung auf der gesetzlichen Erbfolge beruht, durch eine Bescheinigung als Erben, sofern dieselbe auf letztwilliger Verfügung beruht, durch eine

Bescheinigung darüber auszuweisen, daß sie über die eingetragene Forderung zu verfügen befugt sind.

Zur Ausstellung dieser Bescheinigungen ist das Nachlaßgericht[3]) und, falls der Erblasser zur Zeit des Erbfalls im Inlande weder Wohnsitz noch Aufenthalt hatte, auch derjenige Konsul des Reichs zuständig, in dessen Amtsbezirke der Erblasser zur Zeit des Erbfalls seinen Wohnsitz oder seinen gewöhnlichen Aufenthalt hatte, sofern dem Konsul von dem Reichskanzler die Ermächtigung zur Ausstellung solcher Bescheinigungen ertheilt ist.[4])

1) In der B. d. R. wurde auf die Schwierigkeit der Legitimationsprüfung bei Namenobligationen hingewiesen.

„Zur Erleichterung derselben seien im ehemaligen Königreich Hannover Spezialbestimmungen eingeführt worden. Trotz dieser, die Sicherheit des ursprünglichen Gläubigers gefährdenden Vorschriften habe doch die Legitimation nicht in allen Fällen geführt werden können. Die Legitimationsführung der vorhandenen Schwierigkeiten willen durch Spezialbestimmungen noch mehr zu erleichtern, empfehle sich nicht, weil dadurch in dem gleichen Maße die Sicherheit des Berechtigten geschädigt werden würde.

Solche Spezialbestimmungen schienen im vorliegenden Falle aber auch um deswillen weniger nothwendig, weil die Bestimmung, daß die Zinsen nur gegen Quittung des eingetragenen Gläubigers (nicht gegen Zinsscheine) gezahlt werden können, für den Erwerber einer eingetragenen Forderung ein besonders wirksames Compelle bildeten, die Aenderung der Eintragung herbeizuführen, während bei Erbfällen eine wirksame Aufforderung zur unverzüglichen Führung der Legitimation und zur Stellung der darauf gegründeten Anträge in der gesperrten Zinszahlung liege."

Hierzu ist folgendes zu bemerken:

Soweit es sich um Rechtsgeschäfte unter Lebenden handelt, trifft das eben Gesagte im vollen Umfange zu: Derjenige, welcher durch Abtretung die eingetragene Forderung erworben hat, mag den eingetragenen Gläubiger veranlassen, die Uebertragung der Forderung auf seinen, des Erwerbers Namen zu beantragen, da sein Recht dem Staate gegenüber überhaupt nur durch Eintragung wirksam wird, § 7 Abs. 3. Der Erbe dagegen erwirbt die Forderung durch Erbgang und kann über dieselbe verfügen, ohne daß das Gesetz ihn nöthigte, sich zuvor als Gläubiger eintragen zu lassen. Es findet auch nicht immer in Betreff der Zinsen beim Tode des eingetragenen Gläubigers eine Zahlungssperre statt. Erfolgt die Zahlung der Zinsen mittels Postanweisung, so kann das Geld nach postalischen Bestimmungen, wenn es einen gewissen Betrag nicht übersteigt, an die Angehörigen des Adressaten ausgehändigt werden. In diesem Falle wird also der Tod des Gläubigers nicht bei der Zinsenzahlung konstatirt. Es kann aber auch ein Dritter als Zinsenempfänger eingetragen sein und an diesen kann unter der Voraussetzung des § 18 mit Sicherheit gezahlt werden, ohne daß untersucht zu werden braucht, ob die ihm ertheilte Vollmacht noch fort besteht oder durch den Tod des Gläubigers erloschen ist. Bis zur Einführung des B.G.B. konnte man allerdings, falls überhaupt der Tod des Gläubigers zu den Akten bekannt wurde, die Zahlung der Zinsen sperren, davon ausgehend, daß der Dritte, falls ihm nicht ein selbstständiges, in Spalte 3 vermerktes Zinsrecht zustand, nur als Bevollmächtigter des eingetragenen Gläubigers anzusehen sei und daß seine Vollmacht entsprechend einem in weiten Gebieten herrschenden Rechtsgrundsatze, mit dem Tode des Machtgebers erlösche.

Seit Einführung des B.G.B. ist hierin eine Aenderung eingetreten, §§ 168 und 672 das. Nach § 168 bestimmt sich das Erlöschen der Vollmacht nach dem ihrer Ertheilung zu Grunde liegenden Rechtsverhältnisse und nach § 672 erlischt der Auftrag im Zweifel nicht durch den Tod des

Auftraggebers. Ob das Eine oder das Andere eintritt, ist Sache der Auslegung. Das zu Grunde liegende Rechtsverhältniß kennt aber die Staatsschuldenverwaltung nicht und hat sie sich um dasselbe nicht zu kümmern. Sie weiß also nicht, ob die Vollmacht erloschen ist oder nicht, und folgeweise, ob sie, wenn sie auch nach § 18 weiter zahlen darf, weiter zahlen soll. Es werden also auch jetzt, wenn der Tod des Gläubigers bekannt geworden, mag er selbst oder ein Dritter als Zinsenempfänger eingetragen sein, die Zinsen gesperrt. Den Erben ist daher zu empfehlen, den Tod des Gläubigers zu den Akten anzuzeigen, damit bis zur Führung ihrer Legitimation die Zahlung der Zinsen ausgesetzt werde. Auf diese Weise wird verhindert, daß die Zinsen an Jemand abgeführt werden, der sie möglicherweise nach der Absicht der Erben nicht erhalten soll.

2) Zu den Rechtsnachfolgern von Todeswegen gehört nicht der Vermächtnißnehmer, § 2174 B.G.B.

3) Nach § 72 des Reichsgesetzes über die Angelegenheiten der freiwilligen Gerichtsbarkeit vom 17. Mai 1898 (R.G.Bl. S. 771) sind für die dem Nachlaßgericht obliegenden Verrichtungen die Amtsgerichte zuständig. Nach Art. 147 des E.G. zum B.G.B. können jedoch diese Verrichtungen landesgesetzlich auch anderen Behörden übertragen werden, s. Schultze-Görlitz und Oberneck Kommentar zu obigem Gesetz, Anm. 1a zu § 194.

4) Legitimation der Rechtsnachfolger von Todeswegen.

a. B. d. R.

In allen Fällen, in welchen es sich um die Prüfung der Legitimation von Todeswegen handelt, überträgt der Entwurf dieselbe nicht der Hauptverwaltung der Staatsschulden, sondern den Gerichten, bezw. den Konsuln des Deutschen Reichs, soweit ihnen von dem Reichskanzler die Ermächtigung zur Ausstellung solcher Bescheinigungen ertheilt ist. Was die Gerichte anbelangt, so kommt, so weit es sich um die Intestaterbfolge handelt, das Gesetz vom 12. März 1869, betreffend die Ausstellung gerichtlicher Erbbescheinigungen (G.S. S. 473), in Anwendung. Neu ist dagegen die Ausdehnung der Vorschriften dieses Gesetzes auf die Testamentserbfolge. Auch hier soll der Hauptverwaltung ein gerichtliches Attest beigebracht werden, welches sie von einer ihr für sämmtliche Landestheile und für die verschiedenen Rechtsgebiete weder anzuvertrauenden noch zuzumuthenden Untersuchung befreit, ob ein Testament, Erbvertrag zc. formell und materiell gültig oder ungültig ist. Es empfiehlt sich dieses schon aus finanzpolitischen Rücksichten, um von jener Behörde auch den Anschein fern zu halten, als ob dieselbe bei der Geltendmachung etwaiger Bedenken gegen die prompte Erfüllung von Verpflichtungen des Staates sich von fiskalischen Interessen leiten lasse. Zu jener Untersuchung erscheinen vielmehr diejenigen staatlichen Organe am geeignetsten, denen allgemein und in der Regel noch die Feststellung zweifelhafter oder ungewisser vermögensrechtlicher Verhältnisse der Staatsangehörigen, auch dem Staate selbst gegenüber, übertragen ist. Dazu treten praktische Rücksichten von wesentlicher Bedeutung. Das Erbschaftsgericht (§ 28 der C.P.O.) kennt das einzelne zur Anwendung kommende Landesrecht besser und bietet eine sicherere Gewähr für die Richtigkeit seiner Entscheidungen, als eine demselben fern stehende Behörde, was bei der großen und vielfachen Verschiedenheit der geltenden Erbrechtssysteme besonders ins Gewicht fällt. Auch der Nachlaßrichter des Amtsgerichts I zu Berlin, dessen Zuständigkeit, von dem Eintritte der Konsuln abgesehen, für die Fälle angenommen ist, wo außerpreußisches Recht zur Sprache kommt, wird durch den gesammten Verkehr, der bei ihm stattfindet, besser in der Lage sein, sich über fremde Rechte unterrichten zu können. Das Bedenken, eine über die Bestimmungen des Gesetzes vom 12. März 1869 hinausgehende Befassung der Gerichte mit der Prüfung der Legitimation liege außerhalb des Gebiets der Rechtspflege und widerspreche dem Grundsatze, daß der Schuldner in erster Linie verpflichtet sei, die Legitimation seines Gläubigers zu prüfen, erledigt sich durch die Erwägung, daß der Staat der Schuldner ist, daß sich derselbe in seinen Funktionen durch dasjenige seiner Organe vertreten lassen kann, welches zur Ausübung derselben das geeignetste ist, und daß es sich nicht um die Frage handelt, ob die richterliche Prüfung der Legitimation der Erben auf Grund letztwilliger Verfügungen nach dem bestehenden Recht in Anspruch genommen werden kann, sondern vielmehr darum, ob es zweckmäßig ist, für die Zukunft dieses Verfahren einzuführen. Dieses Bedenken würde übrigens in gleicher Weise der Befassung der Gerichte mit der Prüfung der Legitimation der Intestaterben und mit der Prüfung der Legitimation der Eigenthümer bei der Wiederinkurssetzung von außerkursgesetzten Inhaberpapieren entgegenstehen und, nachdem dasselbe bei dem Erlaß der Gesetze vom 12. März 1869 bezw. vom 4. Mai 1843 (G.S. S. 179) nicht für durchschlagend erachtet ist, auch bei Handhabung dieser Gesetze praktisch sich nicht fühlbar gemacht hat, kann demselben im vorliegenden Falle, wo es sich um eine die Außerkurssetzung ersetzende Einrichtung handelt, eine einschneidende Bedeutung nicht weiter beigelegt werden. Auch bietet die Gesetzgebung für die fragliche Bestimmung schon insofern einen Vorgang, als durch § 11 der Allerh. Kabinets-Ordre vom 2. November 1822 (G.S. S. 229) bestimmt ist, daß die kompetente Justiz- oder Vormundschaftsbehörde festzustellen habe, welchen Individuen, als Eigenthümern, gemäß dieser Entscheidung die Herauszahlung der von der Hauptverwaltung der Staatsschulden verwalteten zu den Provinzialstaatsschulden gehörigen Deposita zu leisten ist.

Was die Konsuln des Deutschen Reichs betrifft, so erscheint es, um für Ausländer die Beschaffung der fraglichen Bescheinigungen zu erleichtern, angezeigt, dieselben zur Ausstellung solcher Bescheinigungen zu ermächtigen. Diese Ermächtigung konnte indessen nur denjenigen Konsuln ertheilt werden, welchen die Befugniß dazu vom Reichskanzler nach Feststellung ihrer Qualifikation ausdrücklich beigelegt wird.

b. B. d. K.

Absatz 1. Es wurde für zu weitgehend erachtet, daß auch bei letztwilligen Verfügungen, welche über die Person des mit der Staatsbuchschuld bedachten Erben oder Legators keinen Zweifel ließen, doch noch eine besondere Bescheinigung verlangt würde, daß diese Personen über die eingetragene Forderung zu verfügen berechtigt seien und beantragt: unter Streichung der Worte: „sofern dieselbe auf letztwilliger Verfügung beruht, durch eine Bescheinigung" am Schlusse des Absatzes 1 zu setzen: „dasselbe kann bei testamentarischer Erbfolge verlangt werden, wenn der letzte Wille den neuen Erwerber der Buchschuld nicht deutlich erkennen läßt." Es wurde dabei Bezug genommen auf die Motive zu dem Gesetz, betreffend die Ausstellung gerichtlicher Erbbescheinigungen, vom 12. März 1869, welche lauten:

„Für Erben, welche ihr Erbrecht auf eine letztwillige Verfügung (Testament, Erbvertrag) gründen, bedarf es keiner generellen Legitimationsprüfung und Bescheinigung, weil sie in der betreffenden Urkunde ein Mittel, sich jederzeit und für Jedermann erkennbar als Erben auszuweisen, besitzen und es überdies bei zahlreichen Rechtsverhandlungen des Erben für die betheiligten Behörden oder Privaten von Erheblichkeit sein wird, von der letztwilligen Verfügung nach ihrem vollständigen Inhalte und in ihrem Zusammenhange Kenntniß zu nehmen.

Nur insoweit durch diese Verfügung die Legitimation der Erben nicht vollständig geführt wird, z. B. wenn sie nur nomine collectivo als Kinder, Geschwister rc. bezeichnet sind, ist das Bedürfniß genereller Feststellung, welche Personen von dieser Bezeichnung betroffen werden, und einer darüber zu ertheilenden ergänzenden Erbbescheinigung anzuerkennen."

Der § 9 des genannten Gesetzes lasse nur dann ergänzende Bescheinigungen für letztwillige Verfügungen zu, wenn die Bedachten nicht hinreichend bestimmt seien und nur insoweit, daß die Identität der Antragsteller mit den in der letztwilligen Verfügung bezeichneten Personen attestirt werden dürfe. Nur für derartige ergänzende Bescheinigungen gelte der Rechtssatz, daß Zahlungen, welche auf Grund solcher Atteste in gutem Glauben geleistet seien, den Schuldner von allen Ansprüchen befreiten.

Regierungsseitig wurde diesem Antrage entschieden widersprochen. Einer Behörde, wie der Staatsschuldenverwaltung könne es nicht zugemuthet werden, Erbeslegitimationen zu prüfen. Würde sie z. B. die Legitimation nicht für erbracht erklären und nun vom Gläubiger verklagt werden, so würde ein solcher Prozeß dem Staatskredit nachtheilig sein, selbst dann, wenn die Gerichte der Schuldenverwaltung Recht gäben; in noch viel höherem Maße aber, wenn die Staatsschuldenverwaltung im Prozesse unterläge. Andererseits würde, wenn die Staatsschuldenverwaltung irrthümlich die Erbeslegitimation für geführt erachten würde, dieselbe sich einem Regreß aussetzen, für den der Fiskus aufzukommen, nicht die Fonds habe; es sei deshalb unerläßlich, namentlich im Interesse des Staatskredits, der Staatsschuldenverwaltung in jedem Erbfalle ein Attest zu beschaffen, auf das hin sie ohne Gefahr eines Irrthums und eines Regresses Zahlung leisten könne. Die gestellten Anträge wurden darauf mit 6 gegen 6 Stimmen abgelehnt.

Absatz 2*). Es wurde beschlossen, in Zeile 4 statt der

---

*) Abs. 2 der Regierungsvorlage lautete:

Zur Ausstellung der vorgedachten Bescheinigungen ist dasjenige Gericht, bei welchem der Erblasser zur Zeit seines Todes seinen ordentlichen Gerichtsstand hatte, und sofern derselbe in Preußen einen solchen nicht hatte, derjenige Konsul des Deutschen Reichs, in dessen Amtsbezirk der Erblasser zur Zeit seines Todes seinen Wohnsitz oder gewöhnlichen Aufenthalt gehabt hat, falls dem Konsul von dem Reichskanzler die Ermächtigung zur Ausstellung solcher Bescheinigungen ertheilt ist, und in Ermangelung eines hiernach zuständigen Konsuls, das Amtsgericht I in Berlin zuständig.

Worte „in Preußen" zu setzen „im Deutschen Reiche", weil Konsuln des Reiches in den Deutschen außerpreußischen Staaten nicht existirten und folglich die Erbbescheinigung über jeden in diesen Staaten vorkommenden Erbfall sonst vom Amtsgericht I in Berlin zu ertheilen sein würde. Dagegen wurde in Zeile 10 hinter dem Worte „Konsuls" hinzugefügt „sowie im Falle der Ablehnung des zuständigen Deutschen außerpreußischen Gerichts". Die süddeutschen Notare den Gerichten gleichzustellen, wurde nicht beantragt.

Es wurde ferner vorgeschlagen, für ausländische Erbbescheinigungen das Französische Recht anzunehmen, welches Erbbescheinigungen, die von den zuständigen ausländischen Behörden ausgestellt sind, für ausreichend erklärt, sobald dieselben von einem einheimischen diplomatischen oder konsularischen Agenten legalisirt sind. Dieser Vorschlag wurde abgelehnt; es wurde hingewiesen auf den § 8 des Gesetzes vom 12. März 1869, welcher sagt: Gehören zum Nachlasse einer Person, welche zur Zeit ihres Todes in Preußen keinen ordentlichen Gerichtsstand hatte ... in öffentlichen Büchern eingetragene Rechte ... so ist das Gericht, in dessen Bezirk ... das öffentliche Buch geführt wird, zur Ausstellung einer Bescheinigung zuständig, welche den Erben zur Verfügung ... über das eingetragene Recht ... legitimirt. Daraus folgere die Kompetenz des Amtsgerichts I zu Berlin zur Ausstellung solcher Atteste für Staatsbuchschulden, falls der verstorbene Gläubiger keinen ordentlichen Gerichtsstand in Preußen gehabt habe. Die Erben oder Legatare würden durch Atteste ihrer heimathlichen Gerichte oder Notare diesem Gerichte die nöthigen Unterlagen zu beschaffen haben, auf Grund deren das Berliner Gericht das Erbattest ausstellen könne.

Es läge kein Anlaß vor, von dieser allgemeinen Regelung in diesem konkreten Falle abzuweichen.

Hiernach wurde Abs. 1 der Regierungsvorlage unverändert angenommen (s. oben den Text), Abs. 2 erhielt jedoch folgende Fassung:

Zur Ausstellung der vorgedachten Bescheinigungen ist dasjenige Gericht, bei welchem der Erblasser zur Zeit seines Todes seinen ordentlichen Gerichtsstand hatte, und sofern derselbe im Deutschen Reiche einen solchen nicht hatte, derjenige Konsul des Deutschen Reichs, in dessen Amtsbezirk der Erblasser zur Zeit seines Todes seinen Wohnsitz oder gewöhnlichen Aufenthalt gehabt hat, falls dem Konsul von dem Reichskanzler die Ermächtigung zur Ausstellung solcher Bescheinigungen ertheilt ist, und, in Ermangelung eines hiernach zuständigen Konsuls, sowie im Falle der Ablehnung des zuständigen Deutschen außerpreußischen Gerichts, das Amtsgericht I in Berlin zuständig.

In dieser Fassung wurde Abs. 2 Gesetz. An seine Stelle ist aber nach Art. 16 II des Ausführungsgesetzes zum B.G.B. die oben im Texte wiedergegebene Bestimmung getreten.

Diese letzte Aenderung wurde regierungsseitig (s. B. d. R. zum A.G. S. 26) wie folgt begründet:

„Die neue Fassung des Abs. 2 stellt die Uebereinstimmung mit den Vorschriften des Reichsgesetzes über die Angelegenheiten der freiwilligen Gerichtsbarkeit vom 17. Mai 1898 über die Zuständigkeit des Nachlaßgerichts (§ 73) her, wie dies bezüglich der entsprechenden Bescheinigungen für das Reichsschuldbuch durch § 188 des vorbezeichneten Gesetzes geschehen ist.

Da nach dem B.G.B. (§§ 2353 ff.) nicht nur dem gesetzlichen, sondern allgemein auch dem durch Verfügung von Todeswegen (Testament oder Erbvertrag) berufenen Erben auf Antrag ein Erbschein zu ertheilen ist, so kann die Bescheinigung, durch welche nach § 12 Abs. 1 des Gesetzes vom 20. Juli 1883 Testamentserben ihre Befugniß zur Verfügung über eine eingetragene Forderung nachweisen müssen, künftig auch in Form eines Erbscheins beigebracht werden.

Außerdem kommen künftig für den Nachweis des Verfügungsrechts über Buchforderungen auch die in den §§ 1507 (vergl. dazu Art. 66 dieses Gesetzes) und 2368 vorgesehenen Zeugnisse über das Bestehen der fortgesetzten Gütergemeinschaft und über die Ernennung eines Testamentsvollstreckers in Betracht."

Hierzu ist folgendes zu bemerken:

a. Der Konsul wird kaum in Anspruch genommen werden, da, soviel bekannt, bisher noch keinem Konsul die erforderliche Ermächtigung zur Ausstellung der fraglichen Bescheinigungen vom Reichskanzler ertheilt worden ist. Es würde im gegebenen Falle diese Ermächtigung erst auf Antrag zu ertheilen sein. Ein Bedürfniß hierzu wird sich aber kaum einstellen. Abgesehen davon, daß ein Reichskonsul doch immer nur zur Ertheilung eines Zeugnisses über einen Erbfall in Betreff eines Reichsangehörigen zuständig sein würde, ist nach § 73 Abs. 1 und 2 des Reichsgesetzes über die Angelegenheiten der freiwilligen Gerichtsbarkeit vom 17. Mai 1898 ein Deutsches Nachlaßgericht für die Erbschaft eines Deutschen immer vorhanden. Für die Erbschaft eines Ausländers ist ein solches nur dann nicht vorhanden, wenn er zur Zeit des Erbfalls weder Wohnsitz noch Aufenthalt im Inlande hatte. In diesem Falle aber kommt Abs. 3 zur Anwendung:

> Ist der Erblasser ein Ausländer und hatte er zur Zeit des Erbfalls im Inlande weder Wohnsitz noch Aufenthalt, so ist jedes Gericht, in dessen Bezirke sich Nachlaßgegenstände befinden, in Ansehung aller im Inlande befindlichen Nachlaßgegenstände zuständig. Die Vorschriften des § 2369 Abs. 2 B.G.B. finden Anwendung.

Freilich muß diese für den Erbschein geltende Vorschrift analog auf das Verfügungsattest ausgedehnt werden. Das zuständige Gericht ist dann das Amtsgericht I zu Berlin, da in dessen Bezirk das Schuldbuch geführt wird.

b. Wenn in der V. d. R. gesagt wird, daß die Bescheinigung, durch welche Testamentserben ihre Befugniß zur Verfügung nachweisen müssen, künftig auch in der Form des Erbscheins beigebracht werden kann, so ist darauf hinzuweisen, daß der Erbschein, welcher Testamentserben auf Antrag ertheilt wird, sich mit der nach § 12 Abs. 1 von ihnen beizubringenden Bescheinigung nicht völlig deckt. Diese Bescheinigung muß aussprechen, daß der Erbe über die eingetragene Forderung verfügen kann. Nach § 2353 B.G.B. hat das Nachlaßgericht dem Erben auf seinen Antrag ein Zeugniß über sein Erbrecht, und, wenn er zu einem Theile der Erbschaft berufen ist, über die Größe des Erbtheils zu ertheilen. Nach § 2363 ist in dem Erbscheine, der einem Vorerben ertheilt wird, anzugeben, daß eine Nacherbfolge angeordnet ist, unter welchen Voraussetzungen sie eintritt und wer der Nacherbe ist. Ferner ist nach § 2364, wenn der Erblasser einen Testamentsvollstrecker ernannt hat, die Ernennung in dem Erbscheine anzugeben, und endlich lautet § 2365:

> Es wird vermuthet, daß demjenigen, welcher in dem Erbschein als Erbe bezeichnet ist, das in dem Erbschein angegebene Erbrecht zustehe und daß er nicht durch andere als die angegebenen Anordnungen beschränkt sei.

Die „angegebenen" Anordnungen sind aber lediglich die in den §§ 2363 und 2364 aufgeführten, s. §§ 2075 und 2076 I. Lesung, Motive zu § 2076 Band V S. 567 Abs. 2 und Neumann, Handausgabe zum B.G.B., Anm. 1b zu § 2365. Weitere Beschränkungen, z. B. die Belastung des Erbtheils mit dem Nießbrauch eines Dritten, sind nicht mit aufzunehmen, es muß also daran festgehalten werden, daß der Testamentserbe zu seiner Legitimation eine Bescheinigung, daß er über die Forderung verfügen könne, beizubringen hat, und gegebenen Falls in derselben auszusprechen ist, durch wen er in der Verfügung über die Forderung beschränkt ist.

c. Im Falle der fortgesetzten Gütergemeinschaft bei beerbter Ehe enthält das Gesetz eine Lücke. Zur Verfügung über die Forderung sind nach § 7 Abs. 1 nur der eingetragene Eigenthümer, seine gesetzlichen Vertreter und Bevollmächtigten, bezw. seine Rechtsnachfolger von Todeswegen berechtigt. Der die Gütergemeinschaft bei beerbter Ehe fortsetzende Ehegatte ist aber weder eingetragener Eigenthümer — eingetragen ist der Verstorbene — noch Rechtsnachfolger von Todeswegen, denn der Antheil des verstorbenen Ehegatten am Gesammtgute gehört nicht zum Nachlasse, § 1483 B.G.B. In diesem Falle wird sich die Staatsschuldenverwaltung, wie dies auch in B. d. R. zu Art. 16 II anerkannt wird, mit einem Zeugniß nach § 1507 B.G.B. begnügen müssen.*)

d. Wegen des Testamentsvollstreckers s. Anm. 3g zu § 7 und § 2368 B.G.B.

§. 13.

Mehrere Erben haben zur Stellung von Anträgen und zur Empfangnahme von Schuldverschreibungen eine einzelne Person zum Bevollmächtigten zu bestellen.[1])

1) Diese Bestimmung bezweckt, der Staatsschulden verwaltung mehreren Erben gegenüber die unerläßlich Erleichterung zu gewähren (B. d. R. und B. d. K.). In einfachen Fällen kann davon abgesehen werden.

§. 14.[1])

Vollmachten),[2] sowie die Genehmigungserklärunger dritter Personen, zu deren Gunsten der eingetragen Gläubiger in Bezug auf die Forderung oder derer

---

*) § 1507: Das Nachlaßgericht hat dem überlebenden Ehegatter auf Antrag ein Zeugniß über die Fortsetzung der Gütergemein schaft zu ertheilen. Die Vorschriften über den Erbschein finden entsprechende Anwendung.

Zinserträgnisse durch einen Vermerk im Staatsschuldbuche beschränkt ist, bedürfen zu ihrer Gültigkeit derselben Form, welche für die Anträge vorgeschrieben ist. Zum Widerruf einer Vollmacht genügt schriftliche Form.

Zur Löschung von persönlichen unvererblichen Einschränkungen des Gläubigerrechts oder des Verfügungsrechts, welche durch den Tod des Berechtigten erloschen sind, ist nur die Beibringung des Todtenscheins erforderlich; das Recht auf den Bezug rückständiger Leistungen wird hierdurch nicht berührt.[3])

Anträge und Urkunden öffentlicher Behörden[4]) bedürfen, wenn sie ordnungsmäßig unterschrieben und untersiegelt sind, keiner Beglaubigung.[5])

1) Der Schlußsatz im Abs. 1 — „zum Widerruf einer Vollmacht genügt schriftliche Form", sowie Abs. 2 und 3 sind von der Kommission des H. d. A. hinzugefügt. Zur Begründung wurde folgendes gesagt:

1. Wenn auch ein Unbefugter die Vollmacht aufruft und die Staatsschuldenverwaltung dadurch täuscht, so wird doch die Folge davon nur die sein, daß nur der eingetragene Gläubiger allein wieder als der allein Verfügungsberechtigte dasteht, Zahlungen an ihn selbst sind aber immer rechtswirksam und können wesentliche Nachtheile oder Regreßverbindlichkeiten nicht bewirken.

2. (zu Abs. 2). Diese wesentlich der Grundbuchordnung entnommene Bestimmung rechtfertigt sich dadurch, daß diese Rechte mit dem Tode des Berechtigten nothwendig erlöschen. Weil aber die Löschung des Eintrages auch

das Recht auf die für den Verstorbenen rückständigen Zinsen vernichten würde, so mußten diese Rückstände trotz der Löschung ausdrücklich reservirt werden.

3. (Abs. 3). Auch diese der Grundbuchordnung entnommene Erleichterung erschien unbedenklich. Eine Ausdehnung dieser Bestimmung auf alle Korporationen, welche ein öffentliches Siegel führten, wurde zwar abgelehnt, regierungsseitig aber die Erklärung abgegeben, daß der Begriff der Behörde in demselben weitgehenden Sinne auszulegen sein werde, wie derselbe für Außer- und Wiederinkurssetzungen herkömmlich sei.

2) S. § 10 Abs. 1 und 2 und Anm. 4, sowie Anm. 1 zu § 12. Ist ein Dritter als zum Empfange der Zinsen berechtigt eingetragen, ohne daß in Spalte 3 ein Zinsrecht für ihn vermerkt ist, so kann der Gläubiger mittels schriftlichen, nicht beglaubigten Antrages die Löschung des Dritten und seine, des Gläubigers Eintragung als Zinsenempfänger bewirken, da dann der Antrag als Widerruf der dem Dritten ertheilten Vollmacht anzusehen ist. Soll aber statt des bisherigen Zinsenempfängers oder des Gläubigers ein Anderer als Zinsenempfänger eingetragen werden, so bedarf es der im § 10 Abs. 2 vorgeschriebenen Form.

3) S. § 102 der Grundbuchordnung vom 5. Mai 1872, jetzt §§ 23 und 24 der Grundbuchordnung vom 17./20. Mai 1898 (R.G.Bl. S. 754 ff.).

4) Als solche gelten auch die Vorstände der Kirchengemeinden (Gemeindekirchenrath, Presbyterium, Kirchenvorstand, Kirchenrath) ferner die Vorstände der öffentlichen Sparkassen, deren Statuten vorschriftsmäßig genehmigt sind, die Vorstände der Berufsgenossenschaften 2c.

5) S. § 35 der Grundbuchordnung vom 5. Mai 1872 und wegen ausländischer Behörden § 38 das., jetzt §§ 29 und 30 der Grundbuchordnung vom 17./20. Mai 1898. Vergl. auch Reichsgesetz vom 1. Mai 1878 (R.G.Bl. S. 89) und Turnau, Kommentar zu §§ 35 und 38 a. a. O.,

§§ 415 und 438 der C.P.O. und Reincke, Kommentar zur C.P.O. 4. Aufl. S. 418 bezw. 432.

§. 15.[1])

Ueber die Eintragung von Forderungen und Vermerken, sowie über die verfügte Auslieferung von Schuldverschreibungen an Stelle zur Löschung gelangter Forderungen wird dem Antragsteller und, falls der Berechtigte ein Anderer ist, auch diesem eine Benachrichtigung ertheilt.

Die Benachrichtigung gilt nicht als eine über die Forderung ausgestellte Verschreibung.

Artikel 5.
(§. 15 des Gesetzes.)

1. Auf jedes Benachrichtigungsschreiben über Eintragung einer Buchforderung ist in einer besonders in die Augen fallenden Form der Vermerk zu setzen:

   Dies Schriftstück gilt nicht als eine über die Forderung ausgestellte Verschreibung.

2. Die Auslieferung von Schuldverschreibungen u. s. w. an Stelle zur Löschung gelangter Forderungen geschieht an den dazu von der Hauptverwaltung der Staatsschulden legitimirt befundenen Berechtigten durch die von ihr bestimmte Kasse[2]) nach Prüfung der Identität des Berechtigten gegen Quittung.

   Hat der Berechtigte die Zusendung durch die Post innerhalb des Deutschen Reichs in der Form des §. 10 Abs. 2 des Gesetzes vom 20. Juli 1883[3]) beantragt, so ist die Hauptverwaltung der Staatsschulden ermächtigt, diesem Antrage zu entsprechen. Die Sendung geschieht alsdann auf Gefahr und Kosten des Berechtigten. Der Posteinlieferungsschein dient bis zum Eingang der Quittung als Rechnungsbelag.

3. Die Mittheilung der in Gemäßheit des §. 15 daselbst zu erlassenden Benachrichtigungsschreiben geschieht mittels verschlossener Briefe durch die Post, und sofern es besonders beantragt wird, mit der Bezeichnung „Einschreiben".

4. Postsendungen, welchen Inhaberpapiere beiliegen, sind nach ihrem vollen Nennwerthe zu deklariren, außer wenn ein Anderes in der Form des §. 10 Abs. 2 des Gesetzes vom 20. Juli 1883 beantragt wird.[4])

5. Wegen der Zinssendungen kommen §. 19 desselben Gesetzes und Art. 7 dieses Erlasses zur Anwendung.

1) B. d. K. Zum Abs. 1 wurde darauf hingewiesen, daß das bloße Benachrichtigungsschreiben über erfolgte Eintragungen, wenn dasselbe bei Löschungen nicht wieder eingezogen würde, keine Garantie dafür gewähre, daß die Staatsbuchschuld nicht bereits wieder abgehoben sei und daß bei Kassenrevisionen von Stiftungen und ähnlichen Anstalten sonach ein Belagsstück dafür nicht existire, daß die Staatsbuchschuld, in welcher das Vermögen der Stiftung angelegt sein solle, noch validire. Anträge wurden nicht gestellt.

Abs. 2. Das letzte Wort desselben „Urkunde" wurde in „Verschreibung" umgeändert, um klar zu stellen, daß durch diese Bestimmung dem Benachrichtigungsschreiben der Charakter einer Urkunde im Allgemeinen, insbesondere im strafrechtlichen Sinne nicht genommen werden solle, wenn dasselbe auch nicht ein eigentliches Beweisdokument über die Staatsbuchschuld oder gar den Träger der Schuld bilde.

Hierzu ist folgendes zu bemerken:

a. Die Rechte des Buchgläubigers werden lediglich durch die Eintragung begründet und sind unabhängig von einer Urkunde. Das Benachrichtigungsschreiben hat daher nur den Zweck, die Betheiligten von der erfolgten Eintragung oder Löschung in Kenntniß zu setzen. Dadurch wird nicht ausgeschlossen, daß es unter Umständen eine gewisse Beweiskraft haben kann, nie aber ist es Träger der Schuld. Der Ersatz des Wortes „Urkunde" durch „Verschreibung" ist daher als Verbesserung anzuerkennen. Es ist zutreffend, daß bei Kassenrevisionen dem Revisor das Benachrichtigungsschreiben nicht als Beweisstück für das Fortbestehen der Buchschuld vorgelegt werden kann, zumal dasselbe bei Löschung der Schuld nicht zurückzugeben ist. Der Revisor wird daher, wie dies auch häufig geschieht, Auskunft über das Fortbestehen der Schuld bei der Staatsschuldenverwaltung einziehen müssen. Mehrfach ist mit den revidirenden Behörden, z. B. den Königlichen Intendanturen, vereinbart worden, ihnen Listen über die in Betracht kommenden Forderungen, und sodann Nachricht über jede Zuschreibung und Löschung zu ertheilen (§ 2 Abs. 4). Dieses Verfahren kann zur Verringerung des Schreibwerks nur empfohlen werden.

b. Von den Abgeordneten v. Rauchhaupt, Dr. Wagner und Herr war beantragt worden, zu § 15 Abs. 1 vor „Benachrichtigung" zu setzen die Worte: „von der Hauptverwaltung der Staatsschulden ausgefertigte".

Die für diese Einschaltung geltend gemachten Gründe waren völlig unzutreffend. Statt dem Benachrichtigungsschreiben, entsprechend der Tendenz des Gesetzes, eine weitere Bedeutung, als die Betheiligten in Kenntniß zu setzen, nicht beizulegen, wollte man ihm durch die Einschaltung eine gewisse Beweiskraft, namentlich auch über die Fortexistenz der Schuld gewähren. Anders wenigstens dürfte die Begründung des Abg. Herr (s. Drucksachen, H. d. A. Zweiundsiebenzigste Sitzung, 2. Juni 1883, S. 1892, s. auch die Rede des Berichterstatters Francke S. 1893 ff.) nicht zu verstehen sein. Der völlig überflüssige, gegen das Prinzip des Gesetzes verstoßende Zusatz, der nur zu Weiterungen Anlaß gegeben haben würde, ist unter Zustimmung des Finanzministers vom Herrenhause gestrichen und schließlich nicht in das Gesetz aufgenommen worden.

2) Hierunter sind die mit der Zinsenzahlung betrauten Kassen, mit Ausnahme der Reichsbankanstalten, zu verstehen. Auch bei der Kontrolle der Staatspapiere können die auszureichenden Effekten in Empfang genommen werden.

3) Enthält der Rückumwandlungsantrag nichts darüber, auf welchem Wege die Auslieferung der Effekten bewirkt werden soll, so erfolgt dieselbe durch eine von der Hauptverwaltung der Staatsschulden bestimmte Kasse, s. Anm. 2. Das Verlangen, die Auslieferung durch die Post zu bewirken, muß also in dem beglaubigten Antrag enthalten sein oder in einem besonderen beglaubigten Antrag gestellt werden. Ein später blos schriftlich gestellter Antrag genügt nicht.

4) Hier gilt dasselbe, s. Anm. 3.

§. 16.[1])

Von Amtswegen kann[2]) die Löschung eingetragener Forderungen und die Hinterlegung der dagegen auszuliefernden Schuldverschreibungen bei der Hinterlegungsstelle in Berlin auf Kosten des Gläubigers erfolgen:

1. wenn die Eintragung von Verpfändungen oder sonstigen Verfügungsbeschränkungen beantragt wird;[3])
2. wenn die Forderung ganz oder theilweise im Wege der Zwangsvollstreckung oder des Arrestes gepfändet oder wenn eine einstweilige gerichtliche Verfügung über dieselbe getroffen ist;[4])
3. wenn über das Vermögen des eingetragenen Gläubigers der Konkurs eröffnet worden ist;
4. wenn die Zinsen des eingetragenen Kapitals zehn Jahre hintereinander nicht abgehoben worden sind;
5. wenn glaubhaft bekannt geworden ist, daß der Gläubiger vor länger als zehn Jahren verstorben ist und ein Rechtsnachfolger sich nicht legitimirt hat.

Die hinterlegten Schuldverschreibungen treten in allen rechtlichen Beziehungen an die Stelle der gelöschten Forderung.[5])

Artikel 6.

(§. 16 des Gesetzes.)

Bei der Hinterlegung von Schuldverschreibungen sind der Hinterlegungsstelle Abschrift des Kontos und falls die ganze Forderung hinterlegt wird, die auf das gelöschte Konto bezüglichen Akten mitzutheilen. — Die Betheiligten sind von dem Verfügten gleichzeitig zu benachrichtigen.

1) B. d. K. Die hier vorgeschlagenen Maßregeln erscheinen erforderlich, um die Staatsschuldenverwaltung nicht

mit einer Menge verwickelter und illiquider Schulden zu belasten.

Zu Nr. 3 wurde bemerkt, daß der Staatsschuldenverwaltung selbstverständlich obliege, auf Grund des bei der Konkurseröffnung ergehenden offenen Arrestes (§§ 108 bis 109 der Reichskonkursordnung) dem Konkursverwalter Anzeige davon zu machen, daß für den Kridar eine Forderung im Staatsschuldbuch eingetragen sei, weil der Konkursverwalter gesetzlicher Vertreter des Kridars werde.

Zu Nr. 5 wurde regierungsseitig bemerkt, daß die Staatsschuldenverwaltung, wenn Erben eines Gläubigers sich nicht meldeten, es als nobile officium ansehen würde, sich bei den Heimathsbehörden des verstorbenen Gläubigers nach dessen Erben zu erkundigen und diesen von der Staatsbuchschuld ihres Erblassers Nachricht zu geben.

2) Die Hinterlegung „kann" erfolgen. Ob sie zu erfolgen hat, entscheidet die Staatsschuldenverwaltung nach ihrem Ermessen. Leitend dabei ist der Gesichtspunkt, daß das Buch soviel als möglich vor Unklarheiten und Komplikationen bewahrt bleiben muß.

Entsprechend den Bestimmungen des § 16 Nr. 1 und 2 kann auch beim ersten Antrage auf Eintragung einer Forderung die Eintragung eines unter Nr. 1 oder 2 fallenden Vermerks oder wenn hiermit der Antragsteller nicht einverstanden ist, die Eintragung der Forderung überhaupt abgelehnt werden.

3) Der Antrag, eine einfache Verpfändung oder Verfügungsbeschränkung einzutragen, giebt keine Veranlassung zur Hinterlegung. Hinsichtlich der Verfügungsbeschränkung ist aber zu bemerken, daß sie nicht das Recht des Gläubigers ganz ausschließen oder aufheben und daß sie nur zu Gunsten eines bestimmten Dritten oder bestimmter Dritter getroffen sein darf. Anderenfalls würden Schwierigkeiten eintreten, deren Lösung der Staatsschuldenverwaltung nicht zugemuthet werden kann.

4) Die Forderung kann in diesem Falle ganz oder theilweise hinterlegt werden. Die Befugniß zur theilweisen Hinterlegung folgt aus Art. 6 der A. d. F.

5) Außer den zu Nr. 1 bis 5 aufgeführten Fällen kann die Hinterlegung auch auf Grund des § 372 B.G.B. erfolgen.

§. 17.

Im Falle einer Kündigung der konsolidirten Anleihe sind die eingetragenen Gläubiger schriftlich zu benachrichtigen. Die Wirksamkeit der Kündigung ist jedoch von dieser Benachrichtigung nicht abhängig.

§. 18.[1])

Die Zahlung der Zinsen[2]) einer eingetragenen Forderung erfolgt mit rechtlicher Wirkung an denjenigen, welcher am zehnten Tage des dem Fälligkeitstermine der Zinsen vorangehenden Monats eingetragener Berechtigter war.[3])

1) B. d. R. Der § 18 steht mit § 22 in Zusammenhang. Zur Erledigung der bei der Hauptverwaltung der Staatsschulden eingehenden Anträge ist, auch wenn die derselben obliegende Prüfung rein formaler Natur ist, ein längerer, durch den Geschäftsgang bedingter Zeitraum erforderlich. Es ist daher nicht unbedingt angänglich, die Zinszahlung an den zu leisten, welcher die Forderung erworben hat und dessen Eintragung als Gläubiger bereits beantragt ist, sondern nur an denjenigen, welcher an einem bestimmten Tage vorher als Gläubiger im Staatsschuldbuche eingetragen steht. Dazu kommt, daß der Hauptverwaltung der Staatsschulden zur Ermittelung der Zinsberechtigten ein längerer Zeitraum gegeben werden muß und daß ihre Arbeitskräfte von dieser Ermittelung und den die Zinszahlung vorbereitenden Arbeiten derart absorbirt werden, daß für andere Geschäfte, insbesondere zu Eintragungen

in das überdies anderweit in Anspruch genommene Staatsschuldbuch keine Zeit bleibt. Es ist nun davon ausgegangen, daß die Staatsschuldenverwaltung im Stande sein wird, die Eintragungen, welche bei ihr bis zum Schlusse der Monate Mai und November*) beantragt werden, bis zum 10. Tage der Monate Juni und Dezember zu erledigen, und daß der Zeitraum von da bis zum Ende dieser Monate ausreichen wird, um die Zahlungen für die Anfang Juli und Januar**) jedes Jahres fällig werdenden Zinsraten vorzubereiten.

Die Bestimmung, daß die Zinszahlung an denjenigen erfolgen soll, welcher am 10. Tage des der Zinszahlung vorangegangenen Monats eingetragener Berechtigter war, berührt den Fall, daß eine im Zwangsvollstreckungsverfahren an Zahlungsstatt erfolgte Zinsüberweisung zur Kenntniß der Hauptverwaltung der Staatsschulden gebracht wird, nicht. In dieser Beziehung gilt das zu § 8***) Gesagte.

2) S. Anm. 1 zu § 12.

3) S. Anm. 2 zu § 22.

§. 19.

Die Zinsen werden nur innerhalb des Deutschen Reichs gezahlt, und zwar in der Zeit vom vierzehnten Tage vor bis zum achten Tage nach dem Fälligkeitstermine[1]) durch eine öffentliche Kasse oder mittels Uebersendung durch die Post oder auf sonstige vom Finanzminister zu bestimmende Weise[2]) auf Gefahr und Kosten des Berechtigten.

---

*) Bezw. Februar und August—März und September.

**) Bezw. April und Oktober. Die 3½ vormals 4 prozentigen Konsols haben zum Theil Januar—Juli, zum Theil April—Oktober-Zinsen, die 3½ und 3 prozentigen Konsols April—Oktober-Zinsen.

***) § „8“ ist ein Schreibfehler, es soll § „7“ heißen.

Kommt die Sendung als unbestellbar zurück, so unterbleiben weitere Sendungen, bis der Gläubiger [3]) die richtige Adresse angezeigt hat.

Artikel 7.

(§. 18 und 19 des Gesetzes.)

1. Die Berichtigung der Zinsen kann erfolgen:
   a) durch die Staatsschulden-Tilgungskasse in Berlin mittels Baarzahlung oder wenn dem Empfangsberechtigten ein Girokonto bei der Reichsbank eröffnet ist, durch Gutschrift auf dessen Konto,
   b) durch eine jede Königlich Preußische Regierungs-Hauptkasse,
   c) durch eine jede außerhalb Berlins mit der Annahme direkter Staatssteuern betraute Königlich Preußische Kasse, [4])
   d) durch die Reichsbankhauptkasse, die sämmtlichen Reichsbankhauptstellen, Reichsbankstellen und mit Kasseneinrichtung versehenen Nebenstellen, [5])

   zu b bis d durch Baarzahlung;
   e) mittels Uebersendung durch die Post, jedoch nur innerhalb des Deutschen Reichs. [6])
2. Die Hauptverwaltung der Staatsschulden bestimmt, auf welchem Wege die Zahlung erfolgen soll, und berücksichtigt dabei thunlichst die Wünsche der Gläubiger. [7]) Anträge auf eine Aenderung des bisherigen Zahlungsweges können für den nächsten Fälligkeitstermin nur

Berücksichtigung finden, wenn sie bis zum ersten Tage des Monats vor diesem Termine eingehen.[8])

3. Die Baarzahlung durch eine der unter 1 a bis d genannten Zahlstellen erfolgt gegen Quittung.[9]) Bei Prüfung der Legitimation und Identität des Empfängers sind die Zahlstellen verpflichtet, nach Maßgabe der allgemeinen Vorschriften gewissenhaft zu verfahren.

4. Wird die Baarzahlung bei der bestimmten Zahlstelle bis zum Ablauf des mit dem Fälligkeitstermine beginnenden Kalenderquartals nicht erhoben, so wird der Empfangsberechtigte mit dem Betrage bei der Staatsschulden-Tilgungskasse auf eine Restliste gesetzt, und die Zahlung kann alsdann erst erfolgen, sobald ein Antrag von dem Berechtigten an die Staatsschulden-Tilgungskasse direkt[10]) gerichtet wird.

1) Die Zahlung der Zinsen durch die Post beginnt sofort, also bereits am 17. bezw. 18. des dem Fälligkeitstermin vorangehenden Monats und ist in 3 bis 4 Tagen beendet. Ebenso können bereits vom 17. bezw. 18. ab die Zinsen bei der Staatsschulden-Tilgungskasse und Reichsbankhauptkasse, vom 24. ab bei den Regierungshauptkassen, Reichsbankhauptstellen und Reichsbankstellen und vom 26. ab bei den übrigen Zahlstellen erhoben werden.

Die Ueberweisung auf ein Reichsbankgirokonto erfolgt ebenfalls bereits am 17. bezw. 18. des dem Fälligkeitstermine vorangehenden Monats.

2) Die gesperrt gedruckten Worte sind von der Kommission des H. d. A. eingeschaltet worden, weil es wünschenswerth

erscheine, die Zinszahlung durch Cheks oder Warrants für die Zukunft frei zu lassen. Eine praktische Folge hat dies bisher nicht gehabt.

3) Oder zum Empfange der Zinsen Berechtigte.

4) Darunter sind die Königlichen Kreiskassen und einige Steuerämter — außerhalb Berlins — zu verstehen. Das Gesetz vom 22. Januar 1894 (G.S. S. 5) hat hierin nichts geändert.

5) Die Reichsbankanstalten sind erst neuerdings hinzugekommen, s. Nachtrag zu den A. d. F. vom 30. Oktober 1901 und Bekanntmachung der Hauptverwaltung vom 14. November 1901 (Nr. 276 des Reichs- und Pr. Staatsanzeigers von 1901).

Befindet sich an einem Ort eine Reichsbankanstalt und eine zur Zahlung der Zinsen geeignete Preußische Kasse, so hat der Gläubiger zwischen Beiden die Wahl. Hat ein Gläubiger sowohl im Staatsschuldbuche wie im Reichsschuldbuche ein Konto, so kann er die Zinsen für beide Forderungen bei der betreffenden Reichsbankanstalt, also derselben Zahlstelle erheben und ist nicht mehr genöthigt, falls er z. B. in Hamburg wohnt, die Reichszinsen bei der Reichsbankstelle in Hamburg, die Preußischen Zinsen bei der Kreiskasse in Altona zu erheben.

6) Im Interesse des Staatskredits war Fürsorge zu treffen, daß die Zahlung mit möglichster Sicherheit erfolge, daher die Beschränkung auf das Reich.

7) Den Wünschen der Gläubiger wird ausnahmslos entsprochen, falls ein gesetzlich zulässiger Zahlungsweg gewählt wird.

8) Entspricht der Vorschrift des § 22. Wird eine Aenderung des Zahlungsweges gewünscht, (Kasse statt Post oder umgekehrt 2c.) so genügt hierzu ein schriftlicher Antrag.

9) Erfolgt die Zinsenzahlung durch eine dieser Zahlstellen, so kann beantragt werden, daß die Zahlung alternativ an A oder B, oder gegen gemeinsame Quittung an A und B erfolge. Bei der Zahlung durch die Post kann

mit Rücksicht auf die postalischen Vorschriften die Zahlung immer nur an einen Empfänger erfolgen.

10) Oder an die Hauptverwaltung der Staatsschulden.

§. 20.

Aenderungen in der Person oder der Wohnung des Zinsenempfängers (§. 10 Abs. 3) werden nur berücksichtigt, wenn sie von demselben[1]) schriftlich gemeldet werden.[2])

Artikel 8.
(§. 20 des Gesetzes.)

Aenderungen in der Person oder der Wohnung des Zinsenempfängers können für den nächsten Fälligkeitstermin nur berücksichtigt werden, wenn die schriftliche Meldung darüber bis zum ersten Tage des diesem Termin voraufgehenden Monats bei der Hauptverwaltung der Staatsschulden eingeht.[3])

1) Die Worte „von dem Gläubiger selbst" in der Regierungsvorlage wurden von der Kommission des H. d. A. durch die Worte „von demselben" ersetzt, weil der Gläubiger nicht stets mit dem Zinsenempfänger identisch sei.

2) Der Absatz 2 der Regierungsvorlage, also lautend:

Die Meldung einer Aenderung in der Person des Empfängers muß in der Form erfolgen, welche für den Antrag auf Uebertragung der Forderung vorgeschrieben ist,

wurde von der Kommission ohne Widerspruch der Regierungskommissarien gestrichen.

Eine analoge Anwendung des § 10 Abs. 3 sei, wie sich aus dem Hinweise auf diese Vorschrift ergebe, zulässig aber auch ausreichend. Der gestrichene Absatz 2 erscheine überflüssig.

3) Hängt zusammen mit § 22 und der Aufstellung der Zinsennachweisungen.

§. 21.[1])

An Gebühren werden erhoben:[2])

1. für die Umwandlung von Staatsschuldverschreibungen in Buchschulden des Staats, sowie für sonstige Eintragungen und Löschungen, jede Einschrift in das Staatsschuldbuch besonders gerechnet, 25 Pfennig von je angefangenen 1000 Mark des Betrages, über den verfügt wird, zusammen mindestens 1 Mark;
2. für die Ausreichung von Staatsschuldverschreibungen für je angefangene 1000 Mark Kapitalbetrag 50 Pfennig, zusammen mindestens 1 Mark.

Vermerke über Bevollmächtigungen, sowie über Aenderungen in der Person oder der Wohnung des eingetragenen Berechtigten (§. 10 Abs. 3) sind gebührenfrei.

Die Gebühren werden von dem Antragsteller, soweit nöthig, im Verwaltungszwangsverfahren eingezogen. Auch kann die Vorausbezahlung der Gebühren gefordert werden.

An Gebühren für die gerichtliche oder notarielle Beglaubigung der Anträge (§. 10 Abs. 2) sind zu erheben:

bei Beträgen bis 2000 Mark: 1 Mark 50 Pfennig,
bei Beträgen über 2000 Mark: 3 Mark.

1) a. B. d. R.: Die Staatsregierung erachtet es für angemessen, für die Umwandlung von Staatsschuldverschreibungen in Buchschulden des Staats, sowie für

sonstige Eintragungen und Löschungen, endlich auch für die Ausreichung von Staatsschuldverschreibungen eine Gebühr zu erheben. Diese Gebühr ist in Rücksicht auf das Interesse, welches der Staat daran zu nehmen hat, daß von der Einrichtung ein recht umfangreicher Gebrauch gemacht werde, möglichst niedrig zu bemessen. Die Frage, ob von der Zahlung einer Gebühr für die erste Eintragung einer Forderung nicht ganz abzusehen sein möchte, ist verneinend entschieden, da eine mäßige Gebühr die Eintragung nicht verhindern wird, wenn der Besitzer von Staatsschuldverschreibungen seine Forderung für eine längere Zeitdauer in eine Buchforderung umzuwandeln beabsichtigt, während dieselbe immerhin einen Schutz dagegen bietet, daß nicht Umwandlungen bewirkt werden, bei denen diese Absicht nicht vorliegt, und welche sich deshalb für die Benutzung der Schuldbucheinrichtung nicht eignen.

Für die Beglaubigung von Anträgen, mag dieselbe gerichtlich oder notariell erfolgen, war nach analogen Vorgängen (vergl. z. B. Hinterlegungsordnung vom 14. März 1879, — G.S. S. 249 —) zweckmäßig eine Pauschgebühr, und zwar in zwei Abstufungen zu einem mäßigen Betrage festzusetzen.

b. B. d. K. Im Wesentlichen erklärte man sich mit den vorstehenden Grundsätzen einverstanden. Einer Anregung, die Gebühren herabzusetzen oder gar solche ganz, oder doch zwei Jahre lang nicht zu erheben, wurde nicht stattgegeben. Dagegen wurde in Nr. 1 das Wort „Kapitalbetrag" der Regierungsvorlage, ersetzt durch die Worte „des Betrages, über den verfügt wird", um klar zu stellen, daß stets nur der von der Verfügung betroffene Werth zur Unterlage der Gebührenberechnung dienen dürfe.

Endlich wurde beschlossen, hinter Nr. 2 den gesperrt gedruckten Satz einzuschalten. Es wurden damit diejenigen Fälle gemeint, in denen zwar die Person des Berechtigten dieselbe bleibt, in dieser Person aber sich Aenderungen in der Verfügungsfähigkeit, im Civilstande, in dem Titel, in der Wohnung ꝛc. vollziehen, wie solche im § 10 sub 3 beispielsweise aufgeführt seien. Dagegen sollte das Eintreten eines neuen Berechtigten bei Veräußerungen,*) Nießbrauchsbestellungen, Verpfändungen, Arresten, durch Erbfolge ꝛc. gebührenpflichtig bleiben.

2) Bei der zweiten Berathung des Gesetzentwurfs im H. d. A. (s. siebzigste Sitzung vom 31. Mai 1883 — S. 1868 ff. — Nr. 92 und 217 der Drucksachen und zweiundsiebzigste Sitzung a. a. O. S. 1891 ff.) wurde von den Abgeordneten Dr. Wagner (Osthavelland) und Gen. (s. Nr. 229 H. d. A. 15. Legislaturperiode ꝛc.) der Antrag gestellt, daß die Umwandlung von Staatsschuldverschreibungen in Buchschulden des Staats gebührenfrei erfolgen solle. Im Uebrigen sollten an Gebühren erhoben werden:

1. für sonstige Eintragungen und Löschungen, jede Einschrift in das Staatsschuldbuch besonders gerechnet, 20 Pfennig von je angefangenen 1000 Mark des Betrages, über den verfügt wird;
2. für die Ausreichung von Staatsschuldverschreibungen für je angefangene 1000 Mark Kapitalbetrag 30 Pfennig. Vermerke ꝛc. wie oben.

An Gebühren für gerichtliche oder notarielle Beglaubigung der Anträge (§ 10 Abs. 2) sollten nur erhoben werden:
bei Beträgen bis 5000 Mark: 1 Mark,
bei höheren Beträgen: 2 Mark.

Es wurde vom Hause der Abgeordneten beschlossen, in Gemäßheit des Antrages in Nr. 1 und 2 des Entwurfs die Worte: „zusammen mindestens 1 Mark“ fortzulassen, im Uebrigen aber den Antrag abzulehnen.

Das Herrenhaus stellte jedoch durch Aufnahme der gestrichenen Worte den Regierungsentwurf wieder her, so daß der § 21 in obiger Fassung Gesetz wurde.

---

*) Bei Veräußerungen muß die Forderung gelöscht und auf ein neues Konto übertragen werden.

§. 22. [1])

Anträge auf Eintragung oder Löschung von Forderungen und Vermerken, welche in dem, dem Fälligkeitstermine der Zinsen voraufgehenden Monate eingereicht werden, sind erst nach Ablauf desselben zu erledigen. [2])

1) B. d. K. Es wurde darauf hingewiesen, daß die große Mühe, welche die Auszahlung der Zinsen im Juni und Dezember*) mit sich bringe, die Schließung des Staatsschuldbuchs in diesen Monaten rechtfertige. Ein Antrag, das Staatsschuldbuch gegen Ende dieser Monate wieder zu öffnen, wurde abgelehnt.

2) S. auch Anm. 1 zu § 18. Die Bestimmung des § 22 wird von der Staatsschuldenverwaltung nur als eine innerhalb der engsten Grenzen zu benutzende Ermächtigung betrachtet. Spätestens, sobald die Nachweisungen über die zu zahlenden Zinsen der Staatsschulden-Tilgungskasse übersandt sind, d. h. vom 17. oder 18. des dem Fälligkeitstermin der Zinsen vorangehenden Monats an beginnt daher in Wirklichkeit die Erledigung der seit dem ersten desselben Monats eingegangenen Anträge, sofern es die Geschäfte der Vorbereitung zur Zinsenzahlung aber erlauben, wird dieselbe sogar schon früher bewirkt. Thatsächlich hat die Staatsschuldenverwaltung von der ihr in § 22 eingeräumten Befugniß, dergleichen Anträge erst im nächsten Monat zu erledigen, bisher keinen Gebrauch gemacht.

Anträge auf Löschung von Forderungen, welche stets als schleunige Sachen behandelt werden, sind sogar ausnahmslos auch während der Aufstellung der Zinsennachweisungen und ohne Rücksicht auf die mit letzterer verbundene große Mühewaltung unverzüglich bearbeiten worden.

---

*) Bezw. im März und September

Wenn irgend möglich, werden auch solche Anträge, welche eine Aenderung in der Zinsenzahlung zum Gegenstande haben, noch insoweit berücksichtigt, daß ein entsprechender Vermerk in die Zinsennachweisung eingetragen wird.

Der Vorschrift des § 22 entspricht die Bestimmung des Art. 1 Nr. 2 a. E. der A. d. F., daß Schuldverschreibungen, welche in einem dem Fälligkeitstermine ihrer Zinsen vorangehenden Monat eingereicht werden, die nächstfälligen Zinsscheine nicht beizufügen sind.

§. 23. [1])

Die Hauptverwaltung der Staatsschulden ist unbedingt verantwortlich

1. dafür, daß die im Staatsschuldbuche eingetragenen Forderungen und die noch umlaufenden Schuldverschreibungen der (vierprozentigen) konsolidirten Anleihe zusammen den gesetzlich festgestellten Betrag der letzteren nicht überschreiten;
2. für die Löschung, Kassation und Aufbewahrung der behufs Eintragung der Forderung eingereichten Staatsschuldverschreibungen bis zur gänzlichen Vernichtung derselben.

Die Staatsschuldenkommission übt die fortlaufende Kontrolle über diese Geschäfte. [2])

1) B. d. R. Die Verantwortlichkeit der Hauptverwaltung der Staatsschulden ist im § 6 des Gesetzes vom 24. Februar 1850, betreffend die Verwaltung des Staatsschuldenwesens und die Bildung einer Staatsschuldenkommission (G.S. S. 57) präzisirt. Es ist nicht beabsichtigt, die Stellung derselben dem Finanzminister und der Staats-

schuldenkommission gegenüber zu ändern. Die Bestimmungen über die unbedingte Verantwortlichkeit dieser Behörde haben aber die Verbriefung der Staatsschuld durch Schuldverschreibungen zur Voraussetzung und bedürfen sonach einer Ergänzung im Geiste dieses Gesetzes dahin, daß die Hauptverwaltung dafür einzustehen hat, daß der Gesammtbetrag der Staatsschulden durch die auf Grund des vorliegenden Gesetzentwurfs vorzunehmenden Eintragungen und Ausfertigungen nicht geändert wird, daß mithin nicht Forderungen ohne gleichzeitige Einziehung des entsprechenden Betrages von Schuldverschreibungen eingetragen oder geschehener Aushändigung neuer Schuldverschreibungen ungeachtet ungelöscht bleiben, sowie daß nicht eingetragene Forderungen gelöscht werden, ohne daß zugleich die Ausfertigung eines gleich hohen Betrages von Schuldverschreibungen erfolgt. Ferner war dieselbe nach Analogie der Bestimmung des § 6 lit. e des Gesetzes vom 24. Februar 1850 (G.S. S. 57) für die Löschung, Kassation und Aufbewahrung der behufs Eintragung der Forderung eingereichten Staatsschuldverschreibungen bis zur gänzlichen Vernichtung derselben verantwortlich zu machen.

2) Die Staatsschuldenkommission erhält monatlich eine Uebersicht über den Stand der Buchschuld, nimmt außerordentliche Revisionen des Staatsschuldbuchbureaus vor und entsendet ein Mitglied zu den behufs Verbrennung der vom Bureau an die Kontrolle der Staatspapiere abgelieferten, in Buchschulden umgewandelten Schuldverschreibungen anberaumten Termine.

§. 24 fällt fort.[1])

1) a. Die Regierungsvorlage enthielt hinter § 23 als § 24 noch eine Bestimmung, nach welcher Außerkurssetzungsvermerke auf Schuldverschreibungen der vierprozentigen konsolidirten Anleihe, welche von dem Tage des Inkrafttretens dieses Gesetzes oder von einem späteren Datum

datirt seien, ohne rechtliche Wirkung sein sollten. Vermerke früheren Datums oder ohne Datum sollten mit Ablauf von zwei Jahren seit Inkrafttreten des Gesetzes ihre Wirkung verlieren.

Diese Bestimmung wurde gestrichen, weil es unzweckmäßig sei „diesen Auswuchs an dem Institut der Inhaberpapiere“, den doch nur die Reichsgesetzgebung ganz exstirpiren könne, landesgesetzlich stückweise abzuschneiden.

Die Frage ist jetzt erledigt durch Art. 176 des E.G. zum B.G.B., s. Anm. 1a zu § 2 des Gesetzes.

b. Der § 24 des Gesetzes lautete:

Das Vormundschaftsgericht kann anordnen, daß die Eintragungen der dem Mündel gehörigen Schuldverschreibungen der konsolidirten Anleihe auf den Namen desselben im Staatsschuldbuche beantragt werde.

Die Anordnung findet in den Fällen des § 60 Abs. 2 der Vormundschaftsordnung nicht statt.

Durch Art. 16 III des A.G. zum B.G.B. ist dieser Paragraph gestrichen.

In der B. d. R. wird darauf hingewiesen, daß die Bestimmungen des § 24 durch die Vorschriften des B.G.B. ersetzt sind, § 1667 Abs. 2, §§ 1815, 1816, 1853, 1903 und 1904.

§. 25.

Der Zeitpunkt, mit welchem das gegenwärtige Gesetz in Kraft tritt, wird durch Königliche Verordnung bestimmt. [1])

Der Finanzminister ist mit der Ausführung dieses Gesetzes beauftragt.

Urkundlich unter Unserer Höchsteigenhändigen

Unterschrift und beigedrucktem Königlichen Insiegel.

Gegeben Bad Gastein, den 20. Juli 1883.

(L. S.) **Wilhelm.**

Fürst v. Bismarck. v. Puttkamer. Lucius. Friedberg v. Goßler. v. Scholz. Gr. v. Hatzfeldt.

1) Nach der Verordnung vom 25. April 1884 (G.S S. 269) ist das Gesetz mit dem 1. Oktober 1884 in Kraft getreten.

Anlage I.

(Preußen.)

Muster

der

Konten des Staatsschuldbuchs.

Konto I. S № 39. Gläubiger: Schultze, Johann Gottlieb, Verzogen nach Stettin. Eingetragen

Aenderungen in der Person des Gläubigers }

1.		2.					
Betrag der Forderung		Abschreibungen					
		a. Uebertragen auf das Konto:			b. Umgewandelt in .... prozentige konsolidirte Staatsschuldverschreibungen:		
ℳ		Abtheilung	Nummer	ℳ	Litr.	Nummer	Betrag ℳ
30 000	1. Dreißigtausend Mk. nebst Zinsen seit 1. Juli 1884 eingetragen am 1. Nov. 1884. M. N.	I A	1 220	10 000	C	151 601/15	15 000
		Zehntausend Mark nebst Zinsen seit 1. Januar 1890; abgeschrieben am 20. Januar 1890. M. N.			Zusammen über Fünfzehntausend Mark nebst Zinsen seit 1. Juli 1893; abgeschrieben am 15. Oktober 1893. M. N.		
9 000	2. Neuntausend Mark nebst Zinsen seit 1. Juli 1889; von Konto II Nr. 26 übertragen am 6. Nov. 1889. M. N.						
39 000							
10 000							
29 000							
15 000							
14 000							

Klempnermeister zu Grabow a. O. Eingetragen am 1. Nov. 1884. M. N. am 3. April 1885. M. N.

3.	4.	
Beschränkungen des Gläubigers	Die Zinsen zu empfangen ist berechtigt:	halbjährlich mit ℳ
1. Den Nießbrauch von 30 000 ℳ hat bis Ende 1885 der minderjährige Heinrich Müllerteich, Sohn des Bankiers Karl Müllerteich in Danzig. Eingetragen am 1. Nov. 1884. M. N.	1. von 30 000 ℳ der Bankier Karl Müllerteich in Danzig (Januar — Juli, Post) nur bis Ende 1885. Eingetragen am 1. November 1884. M. N.	600
2. Der Gläubiger ist entmündigt. Eingetragen am 6. Dezember 1885. M. N.	2. von 30 000 ℳ seit 1. Januar 1886 der Rentner Wilhelm Wunderlich in Stettin (Januar—Juli, Post) .... Eingetragen am 6. Dezember 1885. M. N.	600
zu 1 gelöscht am 2. Jan. 1886. M. N.	3. von 30 000 ℳ seit 1. Januar 1889 der Gläubiger (Januar — Juli, Post) ..... Eingetragen am 2. Januar 1889. M. N.	600
zu 2 gelöscht am 2. Januar 1889. M. N.	4. von 39 000 ℳ seit 1. Juli 1889 der Gläubiger (Januar — Juli, Post) .... Eingetragen am 6. November 1889. M. N.	780
	5. a) von 24 000 ℳ seit 1. Januar 1890 der Gläubiger (Januar — Juli, Post)	480
3. Fünftausend Mark nebst Zinsen seit 1. Januar 1890 sind dem Rittergutsbesitzer Carl August von Liebreich zu Alt-Damm verpfändet. Eingetragen am 20. Januar 1890. M. N.	b) von 5000 ℳ seit 1. Januar 1890 der Spalte 3 Nr. 3 eingetragene von Liebreich (Januar — Juli, Regierungs-Hauptkasse in Stettin) .. 5 a und b eingetragen am 20. Januar 1890. M. N.	100
	6. von 9000 ℳ seit 1. Juli 1893 der Gläubiger (Januar — Juli, Post) .... Eingetragen am 15. Oktober 1893. M. N.	180

Anlage II.

(Preußen.)

Muster zu einem Antrag auf erste Eintragung in das Staatsschuldbuch.

.........................., den ....ten .... 19.......

Die Hauptverwaltung der Staatsschulden erhält hierbei die in dem anliegenden Verzeichniß aufgeführten .... Stück Schuldverschreibungen der Preußischen konsolidirten ....prozentigen Staatsanleihe über zusammen .... ℳ, schreibe (in Worten) .... Mark nebst den dazu gehörigen Zinsscheinen über die seit 1. .... 19....... laufenden Zinsen und den Erneuerungsscheinen (Anweisungen) mit dem Antrage:

1. die gedachten ....ℳ auf den Namen: *)
   ....
   in das Staatsschuldbuch einzutragen;
2. die fälligen Zinsen durch die Post — durch die Königliche .... Kasse — durch die Reichsbank......................stelle in ....
   an*) .... wohnhaft in ....
   Kreis .... Straße Nr........ zahlen zu lassen.
   **)

---

*) Hier sind Vor- und Familiennamen, bei Frauen zugleich der Geburtsname, Beruf oder Stand, Wohnort und Wohnung so vollständig und so deutlich anzugeben, daß spätere Verwechselungen und Irrthümer thunlichst vermieden werden.

**) Der Schluß dieser und die folgende Seite sind zu benutzen für die etwaigen Beschränkungen des Gläubigers in Bezug auf das Kapital oder die Zinserträgnisse, welche eingetragen werden sollen (wie z. B. Verpfändungen, Nießbrauchsbestellungen u. a.).

Soll die Eintragung auf den Namen einer juristischen Person, einer Handelsfirma, einer eingetragenen Genossenschaft, einer eingeschriebenen Hülfskasse erfolgen, so ist die rechtliche Existenz des Gläubigers durch eine vorschriftsmäßige öffentliche Urkunde nachzuweisen.

Wenn eine Vermögensmasse ohne juristische Persönlichkeit als Gläubiger einzutragen ist, so muß der Fall, in welchem eine Behörde die Verwaltung der Masse führt oder beaufsichtigt, streng getrennt werden von demjenigen, in welchem Privatpersonen die Verfügung über die Masse zusteht. In ersterem Fall ist die Behörde genau anzugeben, auch auf Verlangen der Hauptverwaltung die Eigenschaft der Behörde als einer öffentlichen und ihre Zuständigkeit durch geeignete Urkunden nachzuweisen. In letzterem Fall sind die gerichtlichen oder notariellen Urkunden, durch welche die Privatpersonen sich als zur Verfügung über die Masse befugt ausweisen, dem Antrage stets sofort beizulegen.

Am Schluß ist der obige Antrag vom Antragsteller zu unterschreiben.

Für Anträge auf Zuschreibungen giebt es besondere Formulare. Alle diese Formulare sowie endlich Formulare für Anträge auf Löschung von Staatsschuldbuchforderungen und Ausreichung von Staatsschuldverschreibungen werden von sämmtlichen mit Zahlung der Zinsen betrauten Stellen unentgeltlich verabfolgt.

Das zuletzt gedachte Formular lautet folgendermaßen:

Antrag

auf Löschung einer Staatsschuldbuchforderung gegen Auslieferung von Schuldverschreibungen.

An
die **Königl. Hauptverwaltung der Staatsschulden**
(Schuldbuch-Angelegenheit)

Berlin S.W. 68.
frei. Oranienstraße 92/94.

.........................., den ....ten .... 190......

D.........Unterzeichnete......... beantrag........., ... ℳ,
mit Buchstaben „...
....
....Mark",
der für ....
....
.... einge-
tragenen Staatsschuldbuchforderung ....%
......................Nr.........................*) zu löschen und an Stelle

*) Hier ist der Zinsfuß der zu löschenden Forderung und die Bezeichnung des Kontos einzurücken, z. B. $3^1/_2$ vormals 4 . . . IB . . . . 1120.

dieses Betrages neue Schuldverschreibungen derselben Anleihe an ....

....

....

....

auszuliefern.**)

(Unterschrift) ....

**) Wenn die Uebersendung der Effekten durch die Post gewünscht wird, so ist dies in dem beglaubigten Antrag zu erklären. Andernfalls erfolgt die Auslieferung durch eine geeignete Königl. Preuß. Kasse.

Die Gebühren sind vor Auslieferung der Effekten zu berichtigen.

Dieselben betragen: ... bis 2000 ℳ = 2,00 ℳ.
von mehr als 2000 „ 3000 „ = 2,50 „
„ „ „ 3000 „ 4000 „ = 3,00 „
„ „ „ 4000 „ 5000 „ = 3,75 „
und so fort, für jede angefangenen 1000 „ = 75 Pf. mehr.

Die Unterschrift muß gerichtlich oder notariell beglaubigt sein.

Wird der Antrag von einer Behörde gestellt, so ist der Unterschrift das Siegel der Behörde beizudrücken.

Ist die Forderung im Januar—Juli und im April bis Oktober verzinslich, so ist bei Theillöschungen anzugeben, ob Schuldverschreibungen mit Januar—Juli-Zinsen oder solche mit April—Oktober-Zinsen gewünscht werden.

Anlage III.
(Preußen.)

Ver

der mit Antrag des .... vom

verschreibungen der Preußischen konsoli

(N. B. Zu ordnen nach den verschiedenen Zinsterminen (Januar — den Littern, für jede Littera

Spalte 1.

Laufende Nr	Litr.	Nummern	Betrag des einzelnen Stücks ℳ	Betrag für jeden Werthabschnitt ℳ
1	A	2 473	5 000	
2	„	2 474	5 000	10 000
3	B	4 673	2 000	
4	„	10 380	2 000	
5	„	11 760	2 000	6 000
6	C	70 536	1 000	1 000
7	D	19 216	500	
8	„	20 355	500	1 000
9	E	18 309	300	
10	„	20 576	300	
11	„	30 682	300	900
12	F	7 809	200	
13	„	90 643	200	
14	„	110 948	200	600
		Betrag . .		19 500

NB. Bei jeder Schuldverschreibung müssen die dazu gehörigen Schuldverschreibungen, welche in einem dem Fälligkeitstermine der fälligen Zinsscheine nicht beizufügen.

zeichniß

.........ten .... 19......... eingelieferten Schuld-
dirten ....prozentigen Staatsanleihe.

Juli, April — Oktober) und innerhalb dieser beiden Arten nach
aber nach der Nummerfolge.

Spalte 2.

Laufende Nr.	Litr.	Nummern	Betrag des einzelnen Stücks ℳ	Betrag für jeden Werthabschnitt ℳ
		(Soweit die Spalte 1 nicht ausreicht, sind die Spalten 2 und folgenden zu benutzen.)		
		Betrag . . .	—	—
		Uebertrag der Spalte 1 . .	—	19 500
		Gesammtbetrag der Spalten 1 und 2	—	19 500

Zinsscheine und Erneuerungsscheine (Anweisungen) liegen. Nur den
Zinsen vorangehenden Monat eingereicht werden, sind die nächst-

Anlage A.

(Volkswirthschaftsrath.)

I.

Schreiben des Ministers für Handel und Gewerbe von Boetticher an den Volkswirthschaftsrath.

Berlin, den 28. Februar 1882.

In der vorigen Session des Landtages ist ein Antrag der Abgeordneten von Tiedemann und Genossen auf Kreirung von Staatspapieren auf Namen, sowie ein dazu von den Abgeordneten Beisert und Genossen gestellter Antrag auf Beseitigung des Instituts der Außerkurssetzung von Staatsschuldverschreibungen auf den Inhaber durch Beschluß des Abgeordnetenhauses der Staatsregierung zur Erwägung überwiesen worden.

Bei den zur Zeit hierüber schwebenden Erörterungen kommt insbesondere in Frage:

1. ob es sich empfiehlt, die Schuld des Staats bezw. einen Theil derselben durch Eintragung in ein zu diesem Behufe anzulegendes Buch zu begründen, oder Schuldurkunden, auf den Namen des Gläubigers lautend, mit der Wirkung auszustellen, daß dieselben wie bei den lettres au porteur Träger des Forderungsrechts sind;

2. in welcher Weise die Zahlung der Zinsen solcher Forderungen am zweckmäßigsten erfolgen würde, ob durch persönliche Empfangnahme Seitens des Gläubigers oder dessen Bevollmächtigten an den dazu bestimmten öffentlichen Kassen bezw. durch Uebersendung der Zinsbeträge mittelst der Post, oder gegen Präsentation von Coupons, welche den Gläubigern auf eine Reihe von Jahren im Voraus zu verabfolgen sein würden;
3 ob für diejenigen Kategorien von Staatsschulden, für welche Namengläubiger zugelassen werden, das Institut der Außerkurssetzung bezüglich der Schuldverschreibungen auf den Inhaber zu beseitigen ist.

Der Volkswirthschaftsrath wolle sich über die vorstehenden Fragen gutachtlich äußern.

Für den Minister für Handel und Gewerbe.
von Boetticher.

II.

Protokoll der dritten Sitzung.

Berlin, den 2 März 1882.

Die heutige Sitzung wird um 12¼ Uhr von dem Vorsitzenden, Staatsminister von Boetticher eröffnet.

Den ersten Gegenstand der Tagesordnung bildet die Vorlage wegen Ausstellung von Staatsschuldverschreibungen auf den Namen des Gläubigers. Zu derselben erhält zunächst das Wort Herr Mevissen, welcher hervorhebt, daß das in Aussicht genommene Gesetz einem dringenden Bedürfnisse entspreche und eine empfindliche Lücke in dem System unserer Staatsschuldenverwaltung ausfülle. Preußen sei einer der wenigen Staaten, in welchem eine derartige Maßregel noch nicht durchgeführt sei. Es komme darauf an, den Staatspapieren die möglichste Verbreitung zu verschaffen und der Heranziehung des privaten Kapitals eine thunlichst breite Grundlage zu geben. Dies lasse sich am leichtesten erreichen, wenn man Papiere auf den Inhaber und Papiere auf Namen nebeneinander zulasse. Für die Börse würden erstere stets die Hauptsache bleiben. Für den kleinen Rentner aber seien dieselben zur Kapitalanlage wenig geeignet, da dieser nicht im Stande sei, die Inhaberpapiere sicher aufzubewahren und sich vor dem Verluste zu schützen. Die Frage anlangend, wie es mit der Zinszahlung, beziehungsweise der Ausfertigung von Koupons zu halten sei, so könne man letztere entweder au porteur auf eine beschränkte Reihe von Jahren, oder auch auf den Namen ausstellen, derart, daß derjenige, auf dessen Namen das Papier lautet, sie mit seiner Unterschrift zu versehen habe. Es hänge dies übrigens untrennbar mit der Frage zusammen, welchen Kassen die Einlösung der Koupons übertragen werde. Im Ganzen erscheine die von dem Finanzminister vorgeschlagene

Umgestaltung des Staatsschuldenwesens als eine dringende Nothwendigkeit, namentlich um auch für den Fall eines Krieges die Aufbringung von Anleihen im Inlande zu ermöglichen und zu sichern.

Der Regierungskommissarius, Geheimer Finanzrath Schmidt, giebt hierauf eine nähere Darlegung der wesentlichen Grundlagen, auf welchen die Regelung der Sache erfolgen solle. Die wichtigste Frage sei die, ob die Begründung der Staatsschuld durch Eintragung in ein Buch erfolgen solle mit der Wirkung, daß nur derjenige Gläubiger ist, welcher in dem Buche eingetragen ist, oder ob Papiere auf den Namen des Gläubigers ausgestellt werden sollen in der Weise, daß dieselben ebenso wie bei den lettres au porteur Träger des Forderungsrechtes seien. Bei dem seiner Zeit im Landtag gestellten Antrag sei vor Allem der Gesichtspunkt leitend gewesen, daß man dem Gläubiger die größtmögliche Sicherheit geben müsse. Dies werde in der vollkommensten Weise unzweifelhaft durch die Einrichtung eines Buches erreicht, in das der Name des Gläubigers eingetragen werde. Die Zinszahlung sei in der Weise gedacht, daß in erster Linie die Zahlung an den Gläubiger selbst oder dessen Bevollmächtigten zu erfolgen habe, eventuell durch Vermittelung der Post. Um den Gewohnheiten und der Bequemlichkeit des Publikums möglichst entgegen zu kommen, sei aber auch nicht ausgeschlossen, daß Zinsscheine ausgestellt werden. In diesem Falle aber müsse auch für diese Zinsscheine eine möglichst große Sicherheit gewährt werden, und es werde in dieser Hinsicht namentlich die Frage entstehen, auf welchen Zeitraum die Scheine gegeben werden sollen. Dabei dürfe nicht außer Acht gelassen werden, daß bezüglich dieses Zeitraums Uebereinstimmung herzustellen sei mit den Koupons der auf den Inhaber lautenden Staatsschuldverschreibungen, weil andernfalls für die Staatsschuldenverwaltung die größten Weiterungen entstehen würden. Von den gegenwärtig bestehenden Staatsschulden eigene sich für die beabsichtigte Neugestaltung nur die 4prozentige konsolidirte Staatsanleihe vom Jahre 1876. Die älteren amortisirbaren Schulden seien dazu nicht geeignet; ebensowenig aber könne die 4½prozentige konsolidirte Anleihe in Betracht kommen, weil dieselbe mit dem Jahre 1885 kündbar werde.

Herr Rosenbaum führt aus, der Hauptvortheil der beabsichtigten Einrichtung sei darin zu erblicken, daß die Schuldverschreibungen so fest auf den Namen gestellt seien, daß eine kaufmännische Cession der Schuldtitres schlechthin ausgeschlossen sei und nur eine notarielle Cession stattfinden könne. Für den Staat werde sich der Vortheil ergeben, daß er seinen Kredit nicht mehr bei den Bankiers suchen müsse, sondern sich direkt an das Privatkapital wenden könne. Viel wichtiger aber sei die von der Maßregel zu erwartende Anregung des Sparsinns der Bevölkerung, sowie vor allem der Umstand, daß dadurch der kleine Mann vor der Versuchung bewahrt bleibe, mit seinen mühevoll erworbenen Ersparnissen sich in gewagte Spekulationen einzulassen und dieselben dabei aufs Spiel zu setzen. In welcher Weise die Zinsen gezahlt werden sollen, sei zweifelhaft. Das Beste sei, an der Ausgabe von Coupons festzuhalten. Alle anderen Modalitäten der Zahlung seien zu komplizirt, namentlich auch diejenige durch Vermittelung der Post. Auch würde dadurch die Möglichkeit der Vorauserhebung der Zinsen, die für viele Leute und namentlich für die kleinen Kapitalisten häufig erwünscht sei, abgeschnitten werden. Rücksichtlich der Frage wegen Beseitigung des Instituts der Außerkurssetzung empfehle es sich, zunächst die Erfahrungen abzuwarten.

Herr Kalle hebt hervor, daß der leitende Gedanke der sein müsse, Werthe zu schaffen, welche dem Inhaber absolute Sicherheit gewähren. Dadurch erreiche man zugleich den weiteren Vortheil, daß der Staat größere Summen unterbringen könne, ohne seinen Kredit zu erschüttern, und daß die Fluktuationen des Kurses mehr als bisher vermieden werden. Bei dem fortdauernden raschen Steigen der Staatsschuld sei daher die Institution von großer Bedeutung. Vom Gesichtspunkte der Sicherheit sei dem System der Begründung der Schuld durch Eintragung in ein Buch unbedingt der Vorzug zu geben. Dadurch werde absolute Sicherheit geboten. Amortisirbare Staatsschulden seien hierfür nicht geeignet. Bei der

Zinszahlung gewähre die persönliche Empfangnahme durch den Gläubiger, eventuell durch Vermittelung der Post die größte Sicherheit. Die Ausgabe von Coupons bringe für den Gläubiger wieder die Gefahr des Verlustes mit sich. Die Möglichkeit früherer Realisirung habe nicht einen so großen Werth, um ihr diesem Bedenken gegenüber eine durchschlagende Bedeutung beizumessen. Die Außerkurssetzung endlich sei bei Einführung der beabsichtigten Institution nicht mehr nöthig.

Herr Kochhann weist auf die große Bedeutung hin, welche der Vorschlag der Staatsregierung in sozialer Beziehung habe. Derselbe stelle eine Fortsetzung des Sparkassensystems dar, verbunden mit dem Vortheil höherer Verzinsung. — Das Französische System der Eintragung in ein Buch sei das beste. Daneben könne man zwar auch Namenpapiere zulassen; indeß sei ein dringendes Bedürfniß hierfür nicht anzuerkennen. Eine wesentliche Schwierigkeit dieses Systems liege in der Legitimationsfrage, namentlich im Falle der Vererbung. Gleichwohl sei demselben der Vorzug zu geben, weil eine genügende Sicherheit, namentlich für die kleinen Leute, nur auf diesem Wege erreicht werden könne. Eine weitere Schwierigkeit biete unser gegenwärtiges Steuersystem. Wolle man der Institution allgemein Eingang verschaffen, so sei es unerläßlich, daß eine Kautel dafür geschaffen werde, daß die Eintragungen des Schuldbuchs nicht seitens der Einschätzungskommissionen bei den Steuerveranlagungen benutzt werden können. — Wolle man Koupons zulassen, so liege kein Grund vor, sie auf länger als vier Jahre auszugeben. Besser sei es indeß, jedem Einzelnen zu überlassen, wie und wo er die Zinsen erheben wolle. In Verbindung mit der Reichsbank und mit den musterhaften Einrichtungen der Post werde sich hierfür leicht ein Modus der Ausführung finden lassen. — Ein großer Vortheil der Institution sei darin zu finden, daß sie die Außerkurssetzung entbehrlich mache, welche jetzt häufig zu großen Schwierigkeiten und Verwickelungen führe. Endlich werde dieselbe wesentlich dazu beitragen, die Bedenken zu zerstreuen, welche vielfach gegen das stetige Anwachsen der Staatsschuld, namentlich für den Fall eines Krieges, gehegt würden.

Der Regierungskommissar, Geheimer Finanzrath Schmidt, macht gegenüber den Ausführungen der Vorredner geltend, daß die Legitimationsfrage unleugbare Schwierigkeiten biete, und daß das Bestreben darauf gerichtet sei, die Legitimationsprüfung möglichst der Staatsschuldenverwaltung abzunehmen und auf andere Behörden zu legen, wie beispielsweise im Falle der Erbeslegitimation auf die Gerichte, indem man die Vorlegung gerichtlicher Erblegitimationsatteste verlange. Die Ausgabe von Namenpapieren neben der Eintragung in ein Buch sei nicht zu empfehlen, weil eine solche Duplizität zu Verwickelungen führe. Die Frage, ob Jedermann, und insbesondere die Behörden, Einsicht des Schuldbuchs verlangen könne, sei von größter Wichtigkeit; die nähere Besprechung derselben dürfe indeß wohl der Spezialberathung vorzubehalten sein. Die Außerkurssetzung ganz zu beseitigen, werde nicht möglich sein; nur soweit das neue Institut Platz greife, falle dieselbe hinweg, während sie im Uebrigen bestehen bleibe.

Herr Kade erklärt die Beibehaltung der Coupons mit Rücksicht auf die Schwierigkeiten der Legitimationsfrage für unerläßlich, während Herr Leyendecker dem Wunsche Ausdruck giebt, daß die neue Institution in nicht zu ferner Zukunft durch eine allgemeine gesetzliche Bestimmung auch auf die Kommunalbezirke ausgedehnt werden möge.

Herr Wolff bemerkt gegen die Ausführungen des Herrn Rosenbaum, daß die Möglichkeit vorzeitiger Realisirung der Koupons keineswegs erwünscht sei und den Kleinverkehr ungemein belästige und schädige. Der Geheimhaltung der Eintragungen werde das Publikum voraussichtlich kein großes Vertrauen entgegenbringen. Die bezüglichen Bedenken seien nur dadurch zu heben, daß man die direkten Steuern fallen lasse und möglichst zu den indirekten Steuern übergehe.

Herr Mevissen macht gegen die ausschließliche Annahme des Eintragungssystems geltend, daß es nicht leicht sein werde, die neue Einrichtung rasch beim großen Publikum einzubürgern. Deshalb sei es, um der Heranziehung des Kapitals eine möglichst breite Grundlage zu sichern, für empfehlenswerth zu erachten, neben der Eintragung auch die Ausstellung von Namenpapieren zuzulassen.

Herr Neubauer weist auf die Vortheile hin, welche die Institution für den kleinen Mann durch Belebung des Sparsinnes mit sich bringen werde, da mit der Zeit Jeder seine Ehre darin finden werde, seine kleinen Ersparnisse durch Eintragung in das Staatsschuldbuch anzulegen. Herr von Rath begrüßt die Vorlage vom landwirthschaftlichen Standpunkt, namentlich im Interesse der Erhaltung und Hebung des seßhaften Bauernstandes, und Herr Hessel betont die großen Gefahren, welche das Couponsystem insofern in sich trage, als die Koupons bereits amortisirter Papiere fortgesetzt eingelöst werden. Nachdem sodann Herr Kalle dem Wunsche Ausdruck gegeben, der Volkswirthschaftsrath möge sich dahin aussprechen, daß zunächst mit Einrichtung des großen Buches vorgegangen und daß es den weiteren Erfahrungen vorbehalten werde, ob auch Papiere auf den Namen des Gläubigers zu schaffen seien, wird die Diskussion geschlossen.

Die Vorlage wird dem permanenten Ausschuß zur Berathung überwiesen. Zur Uebernahme des Referates erklären sich auf Vorschlag des Vorsitzenden die Herren Leyendecker als erster und Mevissen als zweiter Referent bereit.

Festgestellt in der Sitzung am 3. März 1882.

v. Boetticher. Hopf.

III.

Zehnte Sitzung

des

permanenten Ausschusses des Volkswirthschaftsraths.

Berlin, den 18. März 1882.

Der Vorsitzende, Staatsminister von Boetticher, eröffnet die Sitzung um 11¼ Uhr.

Erster Gegenstand der Tagesordnung ist:

Spezialberathung der Grundzüge für einen Gesetzentwurf, betr. die Ausgabe von Staatspapieren auf Namen.

Herr Leyendecker als Referent dankt der Staatsregierung dafür, daß sie so bald der vom Landtag gegebenen Anregung entsprochen hat und einer legislatorischen Regelung dieser Frage, welche eine wichtige Reform unseres Staatsschuldenwesens enthalte, näher getreten ist. Den Grundgedanken der Vorlage — Gewährung absoluter Sicherheit für den Gläubiger, Anregung zur Sparsamkeit und erweiterte Heranziehung des Privatkapitals für die Bedürfnisse des Staats — werde, ohne daß es weiterer Begründung bedürfe, freudig zugestimmt werden können. Was die dem Volkswirthschaftsrath vorgelegten Fragen im Einzelnen betreffe, so empfehle er zur ersten Frage, für jetzt lediglich auf die Anlegung eines großen Staatsschuldbuchs, ohne gleichzeitige Ausgabe von Staatspapieren auf Namen, Bedacht zu nehmen: beide Einrichtungen gleichzeitig durchzuführen, würde bei der hieraus erwachsenden Arbeitslast kaum möglich sein, auch sich nicht empfehlen, da man erst Erfahrungen sammeln müsse, wie sich die Sache nach der einen Richtung bewähre. Neben dem Staatsbuch solle man aber die Inhaberpapiere beibehalten und dem Gläubiger die Wahl zwischen beiden Kategorien von Schuldtiteln, sowie den beliebigen Wechsel zwischen beiden offen halten, da jede Einseitigkeit die Erreichung des angestrebten Zwecks gefährde. Auch bei der zweiten Frage empfehle sich die Gewährung thunlichster Freiheit: man werde es dem Belieben des Gläubigers zu überlassen haben, ob er die Ausstellung von Zinskoupons in bisheriger Weise, die Uebersendung des Geldes mit der Post oder die persönliche Empfangnahme der Zinsen bei bestimmten Zahlstellen wählen wolle. Die dritte Frage werde einstweilen gegenstandslos sein, wenn für jetzt nur die Anlegung eines Staatsschuldbuchs erfolge.

Herr Mevissen als Korreferent schließt sich den Aeußerungen des Vorredners an und betont insbesondere auch seinerseits, daß es nicht zweckmäßig und rathsam sei, neben der Einschreibung auf Namen auch die Ausfertigung von Schuldscheinen auf Namen in diversen Abschnitten — so wünschenswerth die letztere an und für sich auch sei — gleichzeitig einzuführen. Die Kräfte der Beamten der Staatsschuldenverwaltung würden geraume Zeit hindurch von der Einrichtung des Schuldbuchs in Anspruch genommen werden. In einer späteren Periode und nachdem Erfahrungen über die Wirkung der ersten Einrichtung gesammelt seien, könne die Ausgabe von Schuldscheinen auf Namen zu eingehender Erwägung empfohlen werden. Darauf aber sei besonderer Werth zu legen, daß die Einrichtung des Schuldbuchs recht bald erfolge. In Frankreich habe sich die Einrichtung bewährt; ganz enorme Summen seien dort auf diese Art angelegt. Der Berechtigte erhalte dort an Stelle der eingereichten Rententitel ein certificat d'inscription, auf seinen Namen ausgestellt, gegen dessen Vorzeigung er terminlich die Zinsen erhebe. Das Certifikat sei zu diesem Behuf auf der Rückseite in Rubriken liniirt und werde nach erfolgter Zahlung der Zinsen in der entsprechenden Rubrik abgestempelt. Die Formalitäten bei der Eintragung in das Buch seien einfach und würden durch agents de change auf Grund von Formularen, die der Klient einfach unterschrieben, besorgt. So einfach aber sich das Geschäft unter dispositionsfähigen Lebenden vollziehe, so weitläufig werde es bei Erbschaften, wo eine große Menge von Formalitäten erfüllt werden müßten, bei denen man außerordentlich peinlich sei. So werde u. A. die Einwilligung sämmtlicher Erben erfordert. Besonders lange dauere die Abwickelung, wenn Ausländer in Betracht kämen oder der Erblasser im Auslande verstorben sei. Derjenige, welcher die Eintragungen vermittele, werde für die Verität und Identität persönlich haftbar gemacht und trage diese Verantwortlichkeit 5 Jahre hindurch.

In Preußen werde die Frage nach der Legitimationsprüfung gleichfalls Schwierigkeiten machen, auch sich die ganze Einrichtung um deswillen anders gestalten müssen, weil die Stellung der agents de change gegen die Französische Institution sehr verschieden sei. Man werde aber die Modalitäten der Ausführung mit Vertrauen der Staatsregierung überlassen können.

Der Regierungskommissar, Herr Geheimer Finanzrath Schmidt, erachtet die Ausführungen der Vorredner, denen vermuthlich auch sein Herr Chef beipflichten werde, im Wesentlichen für zutreffend. Die größere Sicherheit gewähre die Anlegung eines Staatsschuldbuchs, nicht die Ausstellung von Namenpapieren. Beide Systeme mit einander zu verbinden, würde große geschäftliche Schwierigkeiten zur Folge haben; man müsse sich daher für das eine von beiden entscheiden, und da empfehle sich auch nach seiner Meinung die Anlegung des Staatsschuldbuchs. Wolle man aber der Gefahr des Verlustes ganz entgegentreten, so dürfe man dem Gläubiger nicht ein Certifikat mit urkundlichem Charakter — wie in Frankreich — über die auf seinen Namen im Buch gemachten Eintragungen geben. Man beabsichtige vielmehr, ihm hierüber lediglich eine Benachrichtigung zugehen zu lassen, welche als solche für Dritte werthlos sei. Urkundlichen Charakter würden lediglich die Eintragungen im Buch, welche die Staatsschuldenverwaltung vornehme, erhalten.

Die Uebertragungen und die Legitimationsprüfungen würden allerdings Schwierigkeiten bereiten, doch habe in den bisher gepflogenen kommissarischen Berathungen darüber Einverständniß bestanden, daß man jene Schwierigkeiten thunlichst erleichtern müsse. So habe man in Aussicht genommen, Ehefrauen ohne Zustimmung des Ehemannes, großjährige Haussöhne ohne Zustimmung des Vaters über die Eintragungen verfügen zu lassen. Bei Todesfällen würden die Schwierigkeiten durch die Mannigfaltigkeit der in Preußen bestehenden Erbrechte vermehrt: man beabsichtige daher, die Legitimationsprüfungen dem Richter zu übertragen, welcher ja schon gegenwärtig bei der Wiederinkurssetzung von Inhaberpapieren dergleichen Prüfungen vorzunehmen habe, und bei Intestaterbfällen gerichtliche Erbbescheinigung, bei Testamentserbfolge ein richterliches Attest darüber, wem nach Inhalt des Testaments die Verfügung über die im Schuldbuch eingetragenen Kapitalien zustehen werde, zu verlangen: es müsse jedoch zunächst die Zustimmung des Herrn Justizministers eingeholt werden.

Was die Zinszahlung anbelange, so sei in erster Linie die Vermittelung der Post in Aussicht genommen: etwaige Verluste seien dann doch nur einmalige. Die Einführung eines Checksystems zur

Vermeidung der bei größeren Summen schnell wachsenden Portokosten würde in Erwägung gezogen werden. Nebenher würde aber die Ausgabe von Zinskoupons, an die sich das Publikum gewöhnt habe, nicht zu umgehen sein; dieselben würden aber nur auf dieselbe Zeit ausgegeben werden können, wie bei Inhaberpapieren, weil eine Verschiedenartigkeit in dieser Beziehung eine für die Verwaltung der Staatsschulden kaum zu bewältigende Arbeitsvermehrung verursachen werde.

Herr Kade steht der Vorlage sympathisch gegenüber, glaubt aber, daß die Einrichtung größere Beliebtheit erlangen werde, wenn man nur Koupons ausgebe. Die Zahlung durch die Post habe ihre Schwierigkeiten; der Berechtigte könne vielleicht behindert sein, das Geld am Fälligkeitstage an der Zahlstelle zu erheben; die Post werde aber auch nicht zahlen können, wenn der Berechtigte gestorben und die Erbschaft noch nicht regulirt sei, während doch das Interesse der Erben offenbar dahin gehe, das Geld auch in der Zwischenzeit ohne Weitläufigkeiten erheben zu können. Das sei aber nur bei Koupons, die man jederzeit einlösen könne, möglich. Nachdem Herr Mevissen den Ausführungen des Herrn Regierungskommissars über die Zweckmäßigkeit, anstatt des Französischen Certifikats ein Notifikatorium, welches im Fall des Verlustes leicht zu ersetzen sei, einzuführen, beigepflichtet hatte, erklärt sich Herr Kochhann im Allgemeinen mit den Absichten der

Regierung einverstanden und begrüßt dieselben als einen erheblichen Fortschritt, der namentlich für Gelder der milden Stiftungen und Kirchen von Werth, aber auch für die Preußische Finanzverwaltung von Interesse sein werde, weil er den Konsols einen umfangreichen Markt sichere. Der Widerstand, welcher sich in den ersten Jahren gegen die neue Einrichtung geltend machen werde, müsse bald besserer Einsicht weichen. Man solle aber das Institut nicht nur für neue Anleihen, sondern auch für die jetzigen 4 prozentigen Konsols einführen; in England könne man schon Appoints zu 10 Pfund umwandeln, in Preußen solle man die Umschreibung wenigstens für Summen, welche die Sparkassen nicht mehr annehmen, also etwa 500 Mark, zulassen.

Nachdem der Regierungskommissar, Herr Geheimer Finanzrath Schmidt, die Frage des Redners, ob man den Nominalbetrag der eingereichten Schuldtitel als Kapital oder eine dem derzeitigen Zinsfuß entsprechende Rente eintragen wolle, dahin beantwortet hatte, daß das erstere beabsichtigt sei, erklärt sich Redner hiermit einverstanden, weil das Publikum an die Kapitalbildung gewöhnt sei, und Renten, wenn auch nur aus Vorurtheil, nicht liebe, und führt demnächst weiter aus, daß ein Checksystem der Uebersendung der Zinsen durch die Post, wobei doch Irrthümer vorkommen könnten, vorzuziehen sei. In Amerika würden die Checks an jedem Fälligkeitstermin dem Gläubiger zugesendet.

Die Außerkurssetzung möge man thunlichst bald ganz beseitigen: an der hiesigen Börse würden täglich von Sachverständigen die Fragen ventilirt, ob derartige Vermerke auf den zum Handel gebrachten Papieren von der richtigen Behörde und in die richtige Form ausgestellt seien, und die Sachverständigen seien darüber sehr oft in Meinungsverschiedenheit. Es ergebe sich hieraus für das geschäftsungewandte Publikum der Nachtheil, daß sie die Papiere oft 1 bis 1½ Prozent unter dem Kurs verkaufen müßten, weil dieselben wegen der mit der Prüfung der Vermerke verbundenen Schwierigkeiten schwer Abnehmer fänden.

Der Regierungskommissar, Herr Geheimer Ober-Finanzrath Rüdorff, führt aus, daß die Aufhebung des Instituts der Außerkurssetzung auch schon Gegenstand der Erwägung der Staatsregierung gewesen sei, jedoch mit dem jetzt in Frage stehenden Gesetzentwurf nichts zu thun habe, auch noch nicht spruchreif sei, da nicht nur Staatspapiere, sondern auch Pfandbriefe und Schuldverschreibungen von Kommunen 2c. in Frage kämen. Uebrigens würden diejenigen Stücke der 4 prozentigen konsolidirten Anleihe, welche bereits Außerkurssetzungsvermerke trügen, von der geplanten Einrichtung nicht ausgeschlossen. Letztere passe nur für nicht amortisirbare Schulden, insbesondere nicht auf die 4½ prozentige konsolidirte Anleihe, weil dieselbe im Jahre 1885 kündbar werde.

Herr Graf Henkel von Donnersmarck erkennt gleichfalls an, daß die Vorlage einem Bedürfniß abhilft, möchte dieselbe aber auch für 3½ prozentige und 3 prozentige Staatspapiere zulassen, da man möglicher Weise zu diesem Zinsfuß Staatspapiere ausgeben werde. Persönlich würde er die Eintragung von Rente statt des Kapitals vorziehen. Im Interesse der größtmöglichsten Sicherheit, welche ja angestrebt werde, solle man Zinskoupons nur ausgeben, wenn das von dem Gläubiger ausdrücklich verlangt werde.

Der Regierungskommissar, Herr Geheimer Finanzrath Schmidt, bemerkt dem Vorredner, daß allerdings die Absicht bestehe, auch niedriger verzinsbare Anleihen, die etwa später sollten aufgenommen werden, der geplanten Einrichtung zugänglich zu machen; die Fassung des Gesetzes werde deren Einbeziehung ermöglichen. Man werde dies aber nicht ausdrücklich sagen, um nicht die Börse und das Publikum in den Glauben zu versetzen, daß man schon jetzt die Aufnahme solcher niedrig verzinsbarer Anleihen beabsichtige, wodurch sicherlich eine Beunruhigung entstehen werde.

Der Umwandlung der präsentirten Schuldtitel in Renten stehe entgegen, daß die Wiederumwandlung derselben in Kapital beziehungsweise in Inhaberpapiere auch dann verlangt werden könne, wenn der Zinsfuß inzwischen gefallen sein sollte, und daß in diesem Fall thatsächlich andere Werthe, d. h. höhere Kapitalien, würden gewährt werden müssen.

Herr Rosenbaum hält gleichfalls die Eintragung einer Rente nicht für empfehlenswerth, weil das große Publikum eine solche nicht liebe, und durch dieselbe von der Benutzung der ganzen Einrichtung eventuell werde abgehalten werden. Solle die letztere, welche durch die Beförderung der Neigung zum Sparen gerade für die kleinen Leute ungemein segensreich wirken werde, sich schnell einbürgern und beliebt werden, so müsse Vorsorge getroffen werden, daß die Entgegennahme der einzutragenden Gelder — etwa seitens der Regierungshauptkassen — gegen einfache Quittung und ohne lästige Weiterungen und Formalitäten erfolgen könne, sowie daß den Kommunal- und Steuerbehörden die Einsicht des Schuldbuchs nicht gestattet werde.

Der Regierungskommissar, Herr Geheimer Ober-Finanzrath Rüdorff, bestätigt, daß dies beabsichtigt werde, und führt aus, daß Konsols, bei denen eine Amortisation nicht stattfinde, schon jetzt den Charakter einer Rentenverschreibung hätten.

Herr Mevissen gab sodann seiner Meinung dahin Ausdruck, daß gerade die Einführung des Staatsschuldbuchs auf eine Herabsetzung des Zinsfußes hinwirken und vielleicht künftig einmal die Reduktion der konsolidirten Staatsschuld auf $3^{1}/_{2}$ Prozent ermöglichen werde. Für die Nation im Ganzen halte er dies für ersprießlich, wenn auch Kapitalisten darunter zu leiden haben möchten.

Herr Kochhann unterstützt die Ausführung des

Regierungskommissars über die gegen die Eintragung von Rente aufzuwerfenden Bedenken, glaubt, daß die Buchschuld, wenn die Vortheile derselben von dem Publikum erkannt sein würden, nach und nach große Beliebtheit erlangen und daß nur ein geringer Theil der Staatsschuld in anderer Form bestehen bleiben wird, verlangt, daß bei allen Kassen und Sparkassen Formulare zu haben sein müssen, welche zur Umwandlung benutzt werden können, und fragt an, welche Kosten durch Benutzung der Einrichtung den Gläubigern erwachsen würden. Solle die Einrichtung ihren Zweck erreichen, so dürfe sie vor allen Dingen keine irgendwie erheblichen Kosten verursachen.

Der Regierungskommissar, Herr Geheimer Finanzrath Schmidt, beantwortet die Frage des Vorredners dahin, daß man die erste Eintragung in das Schuldbuch kostenfrei zu bewirken und für demnächst anderweit erforderlich werdende Eintragungen 2c. 1/4 resp. 1/2 pro Mille — was etwa der an der Börse zu zahlenden Maklergebühr ohne Berechnung der Bankierspesen entspreche — an Kosten zu berechnen denke. Es sei wünschenswerth, daß der Volkswirthschaftsrath auch hierüber, sowie über den Minimalbetrag der anzunehmenden Schuldscheine, und darüber sich äußere, ob auch Handelsfirmen zur Eintragung sollten zugelassen werden, wozu bisher ein Bedürfniß nicht anerkannt worden sei.

Herr Graf Henkel von Donnersmarck empfiehlt nochmals die Eintragung unabänderlicher

Rente, welche jede Beunruhigung der Betheiligten ausschließe, empfiehlt sodann im Interesse unbemittelter Sparer die Summe von 100 Mark als Minimalbetrag, ist mit den Absichten der Regierung über die Bemessung der Kosten im Allgemeinen einverstanden, meint aber, daß bei Uebersendung von Zinsscheinen und Talons gar keine Kosten berechnet werden dürften.

Herr Mevissen macht darauf aufmerksam, daß man sich durch Einführung recht leichter Bestimmungen bestreben müsse, die Staatsschulden gerade in den weiten Kreisen der weniger bemittelten Bevölkerung einzubürgern, in welche sie bisher noch nicht eingedrungen seien: die hieraus entstehende Verkettung der kleinen Leute mit dem Staat als Vermögenssubjekt werde den stärksten Damm gegen sozialistische, auf die Zerstörung des Staats, ihres Schuldners, gerichtete Bestrebungen bilden. Auch in Frankreich habe man die Benutzung des grand livre seit seiner Begründung fortwährend erleichtert, um die Rente beliebt zu machen, habe auch die Eintragung von Arresten untersagt, und, um die Sicherheit zu erhöhen, den Kirchen und milden Stiftungen untersagt, Koupons au porteur zu nehmen. Für unsere Verhältnisse müsse 100 Mark der Minimalbetrag und Theilung der eingetragenen Summe zulässig sein. Auch Handelsfirmen hätten Bedürfniß zu absolut sicherer Anlage von Betriebskapitalien, welche der Firma, nicht den einzelnen Theilhabern gehörten;

man dürfe sie also von der Benutzung des Buchs nicht ausschließen. Was die Kosten anbetreffe, so müsse die Versendung der Zinsen mit der Post möglichst billig (etwa 1 pro Mille), am besten ganz kostenfrei geschehen; für Wiederausgabe eingelieferter Stücke — welche garnicht vernichtet zu werden brauchten — seien höchstens 10 Pfennige pro Stück in Ansatz zu bringen, sofern man sich nicht dazu entschließen könne, den Umtausch ganz kostenfrei zu bewirken.

Das Institut der Außerkurssetzung sei ein ganz abscheuliches, um so mehr, als gerade die Berliner Börse die Annahme von Stücken, die mit dergleichen Vermerken versehen seien, in vielen Fällen, wenn die Erfüllung der formalen gesetzlichen Bedingungen nur einigermaßen zweifelhaft sei, geradezu ablehne oder doch sonst die größten Schwierigkeiten bereite. Er empfehle daher, die Regierung zu bitten, auf eine allmähliche Beseitigung dieses Instituts hinzuwirken, soweit es ihr irgend zulässig erscheine. Man könnte die Beseitigung vielleicht dadurch erleichtern, daß man auch den Korporationen und Kommunalverbänden, welche gegenwärtig das Recht zur Ausgabe von Inhaberpapieren hätten, den Rath gebe, Schuldbücher in ähnlicher Weise anzulegen, wie man jetzt für Staatspapiere beabsichtige.

Der Regierungskommissar, Herr Geheimer Finanzrath Schmidt, macht darauf aufmerksam, daß bei der Uebersendung der Zinsen das

Porto und die Gebühr, welche die Verwaltung der Staatsschulden oder die Post für ihre Mühewaltung erheben möchte, zu trennen, und daß es deshalb nicht wohl möglich sein werde, im Ganzen nur 1 pro Mille zu berechnen, wie der Vorredner gewünscht habe. Diejenigen Vorrechte, welche man dem grand livre in Frankreich eingeräumt habe, seien für unsere Verhältnisse nicht anwendbar, da dieselben den eingetragenen Gläubigern dort gewährt seien, als in Frankreich in Folge der Revolution zu einer Reduktion der Schuldkapitalien geschritten sei.

Herr Wolff hat kein Vertrauen dazu, daß die neue Einrichtung als solche sozialistischen Umtrieben vorbeugen werde, da ja auch in Frankreich trotz der ausgedehnten Benutzung des grand livre Revolutionen vorgekommen seien. Die Hauptsache sei, daß die Staatsregierung die materiellen Interessen fördere.

Herr Graf Henkel von Donnersmarck glaubt, daß in Frankreich die Beschlagnahme der Buchtitres nur unter gewissen Voraussetzungen untersagt sei, und hält eine ähnliche Maßregel auf unsere Verhältnisse nicht für anwendbar. Für die Zahlung der Zinsen dürfe eine Gebühr überhaupt nicht, sondern nur mäßigstes Porto berechnet werden. Nachdem Herr Kade auch seinerseits die Summe von 100 Mark als Minimalbetrag, und zur Zulassung nicht nur physische und juristische Personen, auch solche Körperschaften und Vereine, welche ohne Korporationsrechte zu besitzen, wohlthätige Zwecke verfolgten, empfohlen, und nachdem der Regierungskommissar, Herr Geheimer Finanzrath Schmidt, erklärt hat, daß man auch Kassen und einzelnen Vermögensmassen die Benutzung des Buches im Allgemeinen nicht untersagen werde, wird die Diskussion geschlossen.

Bei der Abstimmung werden zur Frage 1 der Vorlage folgende Vorschläge des Referenten Leyendecker angenommen:

Der Volkswirthschaftsrath empfiehlt der Königlichen Staatsregierung:

a) die Schuld des Staates oder einen Theil derselben durch Eintragung in ein zu diesem Behuf anzulegendes Buch zu begründen, daneben aber die Ausgabe beziehungsweise Erhaltung von Inhaberpapieren fortbestehen zu lassen;

b) den Besitzern von Inhaberpapieren freizustellen, die Umwandlung derselben in Buchforderungen zu erwirken, und umgekehrt den Buchgläubigern die Umwandlung ihres eingetragenen Guthabens in Inhaberpapiere zu ermöglichen;

c) sofern die nach Einrichtung des Buchs zu machenden Erfahrungen nicht entgegenstehen sollten, demnächst auch auf Ausstellung von Schuldurkunden, die auf den Namen des Gläubigers lauten und (wie die lettres au porteur) Träger des Forderungsrechts sind, Bedacht zu nehmen.

Die Annahme der Vorschläge zu a und c erfolgte einstimmig, jedoch mit der Maßgabe, daß Herr Kamien sich der Abstimmung enthält, da er nach einer von ihm abgegebenen Erklärung im Ganzen zwar der Vorlage zustimmen, über die Einzelanträge sich jedoch nicht schlüssig machen könne, weil ihm die Materie zu unbekannt sei.

Zur Frage 2 der Vorlage wird ein weiterer Vorschlag des Referenten Leyendecker mit dem anderweit beantragten Zusatz der Worte „nebst Talons" in folgender Fassung angenommen:

> Der Volkswirthschaftsrath empfiehlt der Königlichen Staatsregierung, den Gläubigern die Wahl zu lassen, ob sie die Zinsen ihrer Buchforderungen entweder durch die Post empfangen, oder ob sie auf den Inhaber lautende Koupons nebst Talons verlangen wollen, welche ähnlich wie bei anderen Staatspapieren für einen Zeitraum von zehn oder mindestens fünf Jahren auszustellen und bei Eintragung der Forderungen in das Staatsschuldbuch auszuhändigen wären.

Ferner ebenso ein Antrag Mevissen:

> Wenn Talons verloren gehen und der Verlust angemeldet wird, kann eine neue Serie Koupons gegen Vorzeigung und Abstempelung des Certifikats (Notifikatoriums) ausgegeben werden.

Zur Frage 3 der Vorlage giebt die Versammlung ihre Erklärung dahin ab:

daß sie für wünschenswerth hält, das Institut der Außerkurssetzung der Inhaberpapiere für diejenigen Kategorien von Staatsschulden, für welche Namengläubiger zugelassen werden, zu beseitigen,

und nimmt folgenden Antrag Mevissen an:

Der Volkswirthschaftsrath spricht den Wunsch aus, daß die Staatsregierung in allen Fällen, in welchen ihr dies zulässig erscheint, auf Beseitigung der Außerkurssetzung hinwirken, und namentlich zu diesem Zwecke bei den Provinzen, Kreisen und Städten die Einrichtung eines Schuldbuches und Eintragung der Namen der Gläubiger in gleicher Weise, wie dies für die Staatsschuld in Aussicht genommen ist, anregen möge.

Schließlich erklärt die Versammlung auf die Fragen des Vorsitzenden:

1. der Minimalbetrag der zur Eintragung in das Staatsschuldbuch anzunehmenden Summen ist auf 100 Mark herabzusetzen.
2. die Kosten für die Uebertragung von Schuldverschreibungen sind auf 1/2 pro Mille, die Kosten für die An- und Ausfertigung neuer Schuldverschreibungen auf 10 Pf. pro Stück festzusetzen — ein Antrag Kade, das Letztere kostenfrei zu bewirken, war abgelehnt worden.
3. Erfolgt die Uebersendung der Zinsen durch die Post, so darf hierfür keine Gebühr, sondern

nur Porto berechnet werden, welches bis zum Zinsenbetrag von 100 Mark 10 Pf. nicht übersteigen soll.

4. Handelsfirmen sind zur Eintragung in das Staatsschuldbuch zuzulassen.

5. Im Interesse des Portoersparnisses erscheint es bei gewissen höheren Summen zweckmäßig, statt der Uebersendung der Zinsen durch die Post die Zahlung durch Anweisungen (Cheks) zuzulassen.

Für Kirchen und milde Stiftungen die Unzulässigkeit der Koupons als wünschenswerth auszusprechen, lehnte die Versammlung ab.

Hiermit ist die Berathung des Gegenstandes beendet. Das Plenum wird mit demselben nicht mehr befaßt werden.

Festgestellt in der Sitzung vom 20. März 1882.

v. Boetticher. v. Woedtke. Humperdinck.

Anlage B.

(Allgemeiner Theil der Begründung der Regierung.)

Begründung.

Seit dem Edikte über die Finanzen des Staates vom 27. Oktober 1810 (Gesetzsamml. S. 25) ist bei der Verbriefung Preußischer Staatsschulden das System der Ausstellung auf den Inhaber lautender Verschreibungen festgehalten worden. Die unter Nr. 4 Lit. c. a. a. O. vorgesehene Konsolidation der verschiedenen Staatsschulden erfolgte seit dem Jahre 1811 durch Ausstellung von Staatsschuldscheinen auf Inhaber (Bekanntmachung vom 3. Dezember 1810 § 13), die Verordnung wegen Erläuterung, Abänderung und Ergänzung der bisher in Bezug auf das Aufgebot und die Amortisation verlorener oder vernichteter Staatspapiere geltend gewesenen gesetzlichen Bestimmungen vom 16. Juni 1819 (Gesetzsamml. S. 157) schloß sich den Anordnungen an, welche zur Erleichterung des Verkehrs mit den auf den Inhaber lautenden Staatsschuldverschreibungen getroffen waren; und die Verordnung wegen der künftigen Behandlung des gesammten Staatsschuldenwesens vom 17. Januar 1820 (Gesetzsamml. S. 9) ermächtigte im Art. X. die Hauptverwaltung der Staatsschulden, über alle in dem Allerhöchst vollzogenen Etat genannten Summen Staatsschuldscheine, jedoch immer nur in der bisherigen Form und nur, falls es bei den schon im Etat aufgenommenen, aber noch in der Festsetzung begriffenen Schulden nöthig werden sollte, andere Staatsschulddokumente auszufertigen. Demgemäß wurden die noch im Umlauf befindlichen, auf Namen lautenden Kurmärkischen, landschaftlichen und Stadtobligationen eingezogen (Preußische Staatszeitung vom 4. Mai 1830). Auch bei den seit dieser Zeit aufgenommenen Anleihen sind in Ausführung der darüber ergangenen Gesetze und Allerhöchsten Erlasse nur auf Inhaber lautende Schuldverschreibungen ausgegeben und um dasselbe System in den neuerworbenen Landestheilen zur Geltung zu bringen, ist durch die Gesetze vom 29. Februar 1868 (Gesetzsamml. S. 169) und 11. Februar 1869 (Gesetzsamml. S. 355) bestimmt worden, daß eine Einschreibung der auf den Inhaber lautenden Staatsschuldverschreibungen auf den Namen des Besitzers nicht ferner stattfinden, dagegen die Hauptverwaltung der Staatsschulden ermächtigt sein solle, Staatsschuldverschreibungen auf den Namen, wenn der Eigenthümer dies beantrage, in solche auf den Inhaber umzuschreiben.

In andern Ländern dagegen ist bis in die neueste Zeit das System beibehalten worden, daß die Staatsschulden durch Eintragung in ein zu diesem Behufe angelegtes Buch, bezw. durch Ausstellung und Aushändigung von, auf den Namen des Darlehnsgebers ausgestellten Schuldurkunden — Schuldverschreibungen auf den Namen -- begründet werden. Dieses System hat in England, Frankreich, Holland, Oesterreich und auch in einigen Deutschen Staaten, wie beispielsweise Hamburg, endlich auch in den vereinigten Staaten von Nordamerika Geltung.

Auch in Preußen sind wiederholt und schon bei Erlaß des Konsolidationsgesetzes vom 19. Dezember 1869 Wünsche auf Einführung der Verbriefung von Staatsschulden auf den Namen laut geworden. Neuerdings haben diese Wünsche im Schooße der Landesvertretung zu ausdrücklichen Anträgen an die Königliche Staatsregierung geführt, welche gestützt worden sind theils auf allgemeine finanzpolitische Erwägungen, theils auf besondere Bedürfnisse der Interessenten, sei es rücksichtlich der Anlage ersparter Gelder in Staatsschuldentiteln, sei es rücksichtlich des Verkehrs in Staatspapieren (Drucks. des Abgeordnetenhauses Nr. 68 und 107 und Sten. Ber. S. 1113 von 1880/81).

Die Staatsregierung, von der Wichtigkeit der angeregten Fragen für das in Erweiterung begriffene Staatskreditwesen überzeugt, ist in eine nähere Prüfung der gestellten Anträge eingetreten. Sie hat zunächst Veranlassung genommen, die wichtigeren einschlägigen Punkte dem Volkswirthschaftsrath zur Begutachtung vorzulegen, und der Vorschlag wegen Einführung einer Verbriefung von Staatsschulden auf Namen hat auch in dieser Körperschaft allseitig lebhafte Zustimmung gefunden.

Die Staatsregierung konnte sich der Erwägung nicht verschließen, daß nur durch Einrichtungen, welche den Besitz des Forderungsrechts von dem Besitze der über die Forderung ausgestellten Urkunde unabhängig machen, der Gläubiger in vollem Umfange gegen die Gefahr geschützt werden kann, durch den zufälligen Verlust der Schuldverschreibung das Forderungsrecht selbst einzubüßen. Sie glaubte ferner auch, daß ein Bedürfniß für eine derartige Einrichtung nicht zu verkennen sei. Die Natur gewisser Kapitalbesitze — Stiftungen, Fideikommisse, Vermögen von Kirchen, Mündelgelder rc. — weist von selbst auf eine Art der Belegung hin, welche neben landesüblicher Verzinsung die größtmöglichste Sicherheit gewährt und eine Verwaltungsthätigkeit nicht in Anspruch nimmt. Bei der stetig fortschreitenden Kapitalbildung in der Nation werden auch, wie anzunehmen ist, Private immer mehr von einer solchen Gebrauch machen. Die bestehenden Einrichtungen gewähren das wünschenswerthe Maß von Sicherheit nicht und insbesondere kann eine genügende Unabhängigkeit des Forderungsrechts von dem Besitze des Dokuments durch die Außerkurssetzung nicht herbeigeführt werden. Abgesehen von den gegen dieses Institut an sich zu erhebenden Einwendungen, bieten die bestehenden Vorschriften über die Außerkurssetzung den Besitzern von Inhaberpapieren keinen ausreichenden Schutz gegen den Verlust ihrer Forderungen. Den gesetzlichen Bestimmungen zufolge kann die Außerkurssetzung sowohl durch Vermerk einer Behörde als durch solchen einer Privatperson geschehen. Vermerke von Privatpersonen aber haben für das Institut, welchem die Zinszahlung und die planmäßige Tilgung obliegt, keine bindende Kraft (Gesetz vom 16. Juni 1835 § 1, Gesetzsamml. S. 133). Ferner kann jeder Besitzer eines durch Vermerk einer Behörde oder einer Privatperson außer Kurs gesetzten Papiers auf dessen Umschreibung in ein kursfähiges bei dem ausgebenden Institut antragen (Gesetz vom 4. Mai 1843 § 1, Gesetzsamml. S. 177), worauf, wenn das Institut den rechtmäßigen Besitz nicht für nachgewiesen hält, eine öffentliche Bekanntmachung zu erlassen ist (§ 3). Von dieser Bekanntmachung ist aber nur, wenn auf die Umschreibung eines von einer Behörde außer Kurs gesetzten oder von derselben überhaupt nicht oder doch nicht gehörig wieder in Kurs gesetzten Papiers angetragen wird, eine besondere Benachrichtigung der betreffenden Behörde zu ertheilen (§ 4). Sowohl die Einlösung als auch die Umschreibung eines durch Privatvermerk außer Kurs gesetzten Papiers kann hiernach der Kenntniß des berechtigten Eigenthümers entzogen bleiben, wenn ohne dessen Wissen das Papier aus seinem Besitze und im Falle einer beantragten Umschreibung die öffentliche Bekanntmachung nicht zu seiner Kenntniß gekommen ist. Außerdem ist die Möglichkeit nicht ausgeschlossen, daß das Aufgebot und die Amortisation eines, sei es von einer

Behörde oder einer Privatperson außer Kurs gesetzten Papiers von einem Dritten, welchem dasselbe seiner Angabe nach abhanden gekommen ist, nachgesucht und daß in Folge dessen das Papier, der geschehenen Außerkurssetzung ungeachtet, für vernichtet erklärt würde, eine Möglichkeit zu deren Abwendung derjenige, für den die Außerkurssetzung erfolgt ist, nur durch beständige Achtsamkeit auf die zum Zwecke des Aufgebots ergehenden Bekanntmachungen Vorkehr treffen könnte. Dazu tritt überdies die Gefahr eines Verlustes in Folge von Fälschungen, sei es durch Beseitigung der Außerkurssetzungsvermerke ohne zurückbleibende Spuren, sei es durch nachgeahmte Wiederinkurssetzung.

Gegen alle diese Eventualitäten kann ein genügender Schutz nur darin gefunden werden, daß die Uebertragbarkeit des Forderungsrechts durch Uebertragung der darüber ausgestellten Verschreibung beseitigt wird. Dies zu bewirken liegt zugleich im eigenen Interesse des Staats, insofern als nach dessen Schuldtiteln dadurch ein erhöhter Begehr hervorgerufen wird. Voraussichtlich werden sich in Folge hiervon erhebliche Kapitalien, welche bisher anderweite Anlage gesucht haben, namentlich die in der todten Hand liegenden, der Staatsschuld wieder mehr zuwenden, und mit der Zeit wird ein erheblicher Theil derselben dauernd festgelegt und so dem Verkehr entzogen werden. Im Hinblick auf das Anwachsen der Staatsschuld in Folge der Verstaatlichung von Privateisenbahnen, dem Bau von Eisenbahnen untergeordneter Bedeutung, der Regulirung der Ströme und anderer Bedürfnisse erscheint dieses Moment von nicht zu unterschätzender Bedeutung.

Um die Sicherung des Gläubigers gegen den zufälligen Verlust des Forderungsrechts herbeizuführen, bieten sich zwei Wege: der eine besteht darin, die Uebertragbarkeit des Schulddokuments von der jedesmaligen Mitwirkung einer Behörde abhängig zu machen, welche die Legitimation des Uebertragenden zu prüfen hat, der andere darin, eine Schuldurkunde überhaupt nicht zu ertheilen, die Forderung vielmehr lediglich durch Eintragung in ein zu diesem Behufe zu haltendes Schuldbuch anzuerkennen. Die Staatsregierung, welche als den Zweck des Gesetzes die möglichste Sicherung des Gläubigers gegen Verluste ansieht, hat sich für das System der Buchschuld und insbesondere dafür entschieden, daß der dem Gläubiger über die erfolgte Eintragung zu ertheilenden Benachrichtigung die Geltung einer über die Forderung ausgestellten Urkunde nicht beiwohnen soll. Die Ausstellung von Staatsschuldverschreibungen auf den Namen des Gläubigers — ohne Eintragung der Forderung in ein Schuldbuch und ohne Erschwerung der Uebertragbarkeit der Schuldurkunden — würde dem Gläubiger keinen genügenden Schutz gewähren. Die Uebertragbarkeit der Schuldverschreibung durch Cession, welche ohne kostspielige und zeitraubende Mitwirkung vor sich gehen würde, enthielte eine

Verkehrserleichterung, aber zugleich auch eine Erleichterung der Eigenthumsentziehung. Dabei bliebe es überdies fraglich, ob ein solches mit Cession versehenes Werthpapier im Verkehr lieber als ein wieder in Kurs gesetztes genommen werden würde, sofern der Erwerber zu einer Prüfung der Legitimation seiner Vordermänner verpflichtet wäre. Wenn daher der Zweck des Gesetzes erreicht werden soll, würden Bestimmungen getroffen werden müssen, welche die Uebertragung der Namenschuldverschreibungen entweder von der Mitwirkung der Behörden abhängig machen, oder dieselbe ganz ausschließen.

Der Volkswirthschaftsrath hat sich dafür ausgesprochen, daß Namenforderungen an den Staat durch Eintragung in ein zu diesem Behufe zu haltendes Staatsschuldbuch begründet werden, und ferner empfohlen, sofern die nach Einrichtung des Buchs zu machenden Erfahrungen nicht entgegenstehen sollten, demnächst auch auf Ausstellung von Schuldurkunden, die auf den Namen des Gläubigers lauten und (wie lettres au porteur) Träger des Forderungsrechts sind, Bedacht zu nehmen. Die Staatsregierung verkennt nicht, daß die Ausstellung solcher Schuldurkunden den Wünschen mancher Interessenten entsprechen mag, und daß diese Form der Namenschuld vielleicht sogar vor derjenigen der Eintragung in ein Schuldbuch von Einigen bevorzugt werden könnte, da die Kapitalisten bei dem bisherigen Schuldsystem daran gewöhnt sind, über ihre Forderungen Schuldverschreibungen in Händen zu haben. Sie betrachtet aber die Einführung von Schuldverschreibungen auf den Namen zur Zeit als außerhalb des Zwecks der beabsichtigten gesetzlichen Regelung liegend und würde überdies Bedenken tragen müssen, das Staatsschuldenwesen durch gleichzeitige Einführung zweier, immerhin verschiedener Systeme zu kompliziren. Auch aus praktischen Gründen und überwiegenden Rücksichten der geschäftlichen Einrichtung hat sich die Staatsregierung dafür entscheiden zu müssen geglaubt, zunächst nur die Eintragung von Schuldforderungen in ein Buch ohne die Ausgabe von Schuldverschreibungen auf Namen einzuführen und für die weiteren Entschließungen die hiermit zu machenden Erfahrungen abzuwarten.

Der vorgelegte Gesetzentwurf geht davon aus, daß in dem hergebrachten Modus der Begebung von Staatsschulden nichts geändert und daß daher nach wie vor bei der Emission neuer Anleihen auf den Inhaber lautende Staatsschuldverschreibungen ausgegeben werden. Auch nimmt derselbe nur die Umwandlung von Staatsschuldverschreibungen der vierprozentigen konsolidirten Anleihe in Aussicht, da diese voraussichtlich noch längere Zeit ungekündigt bleiben wird und der Amortisation nicht unterliegt, amortisable Anleihen aber zur Eintragung in das Staatsschuldbuch ungeeignet erscheinen.

Die Frage: ob auch Staatsschuldverschreibungen,

welche zu einem geringeren Zinssatze als 4 Prozent verzinslich sind, zur Eintragung in das Staatsschuldbuch zuzulassen sein möchten, kann bis dahin auf sich beruhen bleiben, wo der Staat zur Kreirung solcher schreitet.

Was die Art der Zinszahlung betrifft, so schlägt der Entwurf vor, die Auszahlung ausschließlich an den legitimirten Eigenthümer der eingetragenen Forderung geschehen zu lassen und sich zu diesem Zwecke der bestehenden Staats- und Reichseinrichtungen zu bedienen. Die verschiedenen Arten der Zinszahlung, welche in Frage kommen können und in verschiedenen Ländern, in welchen die Einrichtung der Buchschuld besteht, wirklich in Anwendung sind, lassen sich dahin zusammenfassen:

1. Zahlung an den Gläubiger oder dessen Bevollmächtigten
   a) mit förmlicher Legitimationsführung oder
   b) ohne eine solche (gegen Vorzeigung der Bescheinigung über die erfolgte Eintragung).
2. Zahlung gegen Präsentation von Zinsscheinen auf den Inhaber.

Die Uebersendung von Zinsbeträgen und von Zahlungsanweisungen vermittelst der Post bildet einen Fall der Zahlung an den förmlich legitimirten Gläubiger. In England erfolgt die Zahlung der Zinsen durch Vermittelung der Bank an den Berechtigten oder dessen Vertreter, auf Antrag auch durch Uebersendung von Warrants mit der Post. In Frankreich werden die Zinsen von Namenrenten an den Inhaber des Auszuges der Rentenverschreibung, von gemischten Renten (rentes mixtes), denen Zinsscheine beigegeben sind, gegen Rückgabe des fälligen Zinsscheins geleistet und in den Vereinigten Staaten von Nordamerika durch Uebersendung von Checks mittelst der Post.

Da der Entwurf davon ausgeht, daß das über die Eintragung ertheilte Benachrichtigungsschreiben nicht die Geltung einer über die Forderung ausgestellten Urkunde haben darf, so mußte auch davon abgesehen werden, dasselbe zur Grundlage des Zinszahlungsverfahrens zu machen. Auch glaubte die Staatsregierung von der Einführung des Kouponsystems zur Zeit absehen zu sollen. Der Werth des Forderungsrechts an den Staat besteht für den Besitzer vornehmlich in dem Zinsgenusse. Der mit der Einrichtung von Namenschulden erstrebte Schutz des Gläubigers gegen Entziehung seiner Forderung würde sonach nur unvollkommen erreicht werden, wenn sich derselbe nicht zugleich auf den Zinsgenuß erstreckte. Jedenfalls würde es geboten gewesen sein, die Zinsscheinserien nur für kurze Perioden ausfertigen zu lassen, weil andernfalls der mit der neuen Einrichtung verfolgte Zweck geradezu illusorisch werden würde, während doch bei dem Anwachsen der Staatsschuld aus geschäftlichen Rücksichten das Bestreben darauf gerichtet sein muß, die Perioden, für welche Zinsscheine ausgefertigt werden, weiter auszudehnen. Der Entwurf behält der Staatsregierung vor, sich für die Zahlung der Zinsbeträge ihrer eigenen Einrichtungen und der der Reichspost zu bedienen, und glaubt, daß hierdurch dem Bedürfnisse genügt ist.

Anlage C.

(Allgemeiner Theil des Berichts der XVIII. Kommission des Hauses der Abgeordneten).

Bericht

der

XVIII. Kommission über den Gesetzentwurf betreffend das Staatsschuldbuch. — Nr. 92 der Drucksachen. —

Die Kommission hat vorgedachten Entwurf in 4 Sitzungen und in 2 Lesungen berathen.

Als Vertreter des Königlichen Finanzministeriums wohnten den Verhandlungen bei:

Se. Excellenz Herr Unterstaatssekretär Meinecke,
Herr Geheimer Oberfinanzrath Dr. Rüdorff,
Herr Geheimer Finanzrath Schmidt.

Der Referent gab zuerst eine Uebersicht über die verschiedenen Systeme, welche die größeren Staaten für ihre fundirte Staatsschuld befolgen:

I. Der Englische Staat hat die Verwaltung seiner Schuld der Bank von England gegen eine Vergütung von £ 300 für jede Million £ der Schuld übertragen. Diese Jahresvergütung beträgt jetzt reichlich £ 200000. Bei Ausgabe von Staatsanleihen bietet der Staat für je 100 £ Nominalbetrag einen Zinsfuß von $2^1/_2$—$5^0/_0$ an, nach welchem sich der Emissionskurs wesentlich richtet. Der Einzelne subskribirt bei einem der Stockmakler, die eine reiche, geschlossene Korporation bilden, für einen Betrag, der nicht abgerundet zu sein braucht. Er zahlt dann die nach dem Emissionskurse berechnete Summe an die Bank ein. Nur Seitens des Staates ist diese Schuld kündbar, Auslosungen finden nicht statt. Der Darleiher erhält nur die bedungene Zinsrente. Der Nominalbetrag der Schuld wird auf seinen Namen in das große Buch eingetragen, in das die Englische Bank alle Gläubiger der fundirten Staatsschuld einzeichnet. Eine Schuldverschreibung erhält der Gläubiger nicht. Zum Empfange der halbjährlich zu zahlenden Zinsen hat sich der Gläubiger oder sein mit Vollmacht versehener Beauftragter bei der Bank in London einzufinden. Dort nennt er seinen Namen und den für ihn eingetragenen Betrag, überreicht die Zinsquittung, und erhält lediglich auf diese Rekognition eine Kassenanweisung (warrant) über seine Zinsen, die er dann an der Kasse sich zahlen lassen kann. Bei etwas größeren Posten muß seine Quittung von einem für seine Identität garantirenden Rekognoszenten, dem Clerk eines Bankiers oder einem Stockmakler, mitunterzeichnet werden. Bankiers reichen vorm Zinszahlungstermine ein Verzeichniß der von ihnen abzuhebenden Zinsen mit ihren Vollmachten für dieselben ein und erhalten nach Prüfung den Zinsbetrag gutgeschrieben.

Obwohl die Zinsen nur halbjährlich bezahlt werden, theils am 1. Januar und 1. Juli, theils am 1. April und 1. Oktober, so waren doch schon im Jahre 1870 mit der Ausstellung der warrants viermal im Jahre je 66 Beamte 25 Tage lang beschäftigt. Die Aussonderung der an Bankiers zu zahlenden warrants inklusive der Vollmachtsprüfung nahm 6 Tage in Anspruch. Die Aushändigung der übrigen circa 140000 warrants ans Publikum erforderte die Thätigkeit von 45 Beamten 7 Tage lang; außerdem waren zahlreiche Kassirer zur Auszahlung nöthig, obwohl nur $^1/_6$ der Zinsen baar, $^5/_6$ durch Verrechnung auf Bankierskonten berichtigt wurden.

Die damalige Staatsschuld von £ 689497900 zerfiel in 231349 Einzelposten, davon betrugen die halbjährlichen Zinsen

für 25 Posten nicht einmal einen Pfennig,
für 77 Posten nicht einmal eine Mark,
für 34,19 % aller Posten unter 5 £,
für 15,53 % aller Posten von 5 bis 10 £,
für 33,29 % aller Posten von 10 bis 50 £,
für 0,91 % aller Posten über 2000 £.

Von den Gläubigern führten den Namen Smith 5426, davon John Smith 524, William Smith 519, den Namen Brown 2478, den Namen Jones 2190.

Die Uebertragung eines solchen Schuldpostens geschieht derart, daß zuerst meist ein Clerk des Stockmaklers, der die Cession vermittelt, sich bei der

Bank erkundigt, welcher Betrag für den Cedenten eingetragen ist. Dann füllt der Cedent oder sein Bevollmächtigter auf der Bank das Uebertragungsformular für den zu cedirenden Antheil aus, unterschreibt dasselbe mit 2 Garanten seiner Identität und läßt den Cessionar, wenn er will, mit unterzeichnen; darauf hin erfolgt die Umschreibung im großen Buche, von der die Kontrahenten benachrichtigt werden.

Wegen der Belästigungen, welche dieses System für die Bank und für das Publikum mit sich führte, ordnete die l. 33—34 Victoriae ch. 71, betitelt: „The National Debt. 1870" an, daß den Gläubigern auf ihr spezielles Verlangen der warrant — in Gestalt eines gekreuzten Checks auf die Bank von England oder ihre Filialen — durch die Post innerhalb des Königreichs zugesandt werden solle.

Die Absendung des warrants durch die Post an die aufgegebene Adresse solle dessen persönlicher Aushändigung an den Gläubiger rechtlich gleich gerechnet werden. Ob die Zinsen seit den letzten 2 Jahren auch durch Postanweisungen zugesandt werden, ist nicht bekannt.

Ferner soll jeder Gläubiger auf Verlangen über seinen Schuldposten eine oder mehrere Schuldverschreibungen in Appoints von 50 £ oder Vielfachen von 50 £ bis 1000 £ mit fünfjährigen Koupons auf den Inhaber erhalten. Diese Verschreibungen selbst lauten auch auf den Inhaber, der

Träger derselben kann aber die Obligation, wenn auch nicht die Koupons, beliebig in eine Namensobligation dadurch verwandeln, daß er in den Zwischenraum zwischen den Worten the Bearer of this Certificate — — — — is entitled to 500 £ consolidated 3% Annuities seinen eigenen oder einen fremden Namen als Gläubiger einträgt.

Eine solche Namensobligation ist aber keineswegs eine bloße Beweisurkunde über das Darlehnsgeschäft, denn die Bank weiß ja nichts davon, daß ein Name und welcher in die Inhaberobligation eingetragen ist, sondern nur ein auf eine bestimmte Person endgültig festgelegtes, definitiv außer Kurs gesetztes Inhaberpapier. Zwar kann nunmehr kein anderer, als der darin Eingetragene Rechte aus dem Papier geltend machen, der Eingetragene aber kann es auch nur dann, wenn er durch Vorzeigung der Urkunde und eventuell durch Identitätsnachweis sich als der Berechtigte aus derselben legitimirt. An Stelle des eingetragenen Gläubigers tritt gesetzlich bei dessen Tode sein personal, representative, bei dessen Konkurse sein assignee, bei Verheirathung einer Frau deren Ehemann.

Beim Untergange oder Verlust der Urkunde muß er nachweisen, daß er der namentlich Eingetragene gewesen ist, und erhält er dann gegen (Personal) Bürgschaft eine neue Obligation mit Koupons von der Bank ausgeliefert. Dasselbe gilt bei Verlust von Inhaberpapieren.

Der Inhaber einer Namensobligation kann diese bei der Bank in eine Inhaberobligation wieder umtauschen. Ebenso kann er gegen Rückgabe der Namens- oder Inhaberobligation sich wieder als stockholder in's große Buch eintragen lassen und tritt damit in die Stellung zurück, die er vor Ausfertigung der Urkunde hatte.

Diese letztgenannten Bestimmungen waren auch schon 1863 durch die l 26—28 Vict. ch. 28 eingeführt. Obwohl die Gebühren für Ausstellung der Urkunde aber auf 1/4 Prozent ermäßigt waren, war bis 1870 nur für den 1/220 Theil der Staatsschuld, nur für 3 Millionen £ eine solche Urkunde ertheilt worden. Auch nach 1870 sollen nur verhältnißmäßig wenige Schuldverschreibungen verlangt sein.

Die weiteren Bestimmungen des Gesetzes von 1870 gestatten der Bank, in den Fällen, wo ihr der Rechtstitel, die Verfügungsfähigkeit oder die Bestallung Jemandes trotz vorgelegter Urkunden bei Geschäften über Stocks zweifelhaft erscheinen, gemäß l 5 und 6 William IV. cap. 62 einen Evidenzakt zu fordern, der dem unten zu beschreibenden Certifikat de propriété des Französischen Rechts ähnelt.

Ferner können Stocks von der Bank von England auf Verlangen auf die Bank von Irland überschrieben werden.

Werden Zinsen 10 Jahre lang nicht abgefordert, so verfällt der Schuldposten dem Fiskus, doch behält der Berechtigte noch 20 Jahre lang den Anspruch auf Rückgabe desselben.

Die Cessionsbücher der Bank dürfen der Zinszahlung halber in dem dieser vorhergehenden Monate, jedoch nicht über 14 Tage geschlossen werden. Die fällig werdenden Zinsen werden dann dem vor dieser Schließung ins große Buch eingetragenen Gläubiger bezahlt.

Endlich hat die Bank die Befugniß, die in diesem Gesetze angeordneten Maßregeln durch Ausführungsbestimmungen weiter zu ordnen.

Dies gesammte Englische System ist, wenn man von den Neuerungen des Gesetzes von 1870 absieht, wesentlich dasselbe, welches ein Bankier seinen Kunden gegenüber beobachtet. Freilich scheint es für die Bank mit großer Arbeit und für das Publikum mit persönlicher Unbequemlichkeit verbunden zu sein. Wenigstens sieht man daraus, wie außerordentlich arbeitersparend und bequem dagegen das System der Inhaberobligationen und Koupons wirkt. Auf der anderen Seite gewährt aber das Englische System eine fast absolute Sicherheit. Weil überhaupt kein Schulddokument bei den Stocks vorhanden ist, so braucht der Gläubiger ein solches nicht mühevoll zu verwahren und kann durch dessen Verlust nicht um seinen Anspruch kommen. Selbst wenn das große Buch der Bank untergehen sollte, kann es aus den Extrakten, die halbjährlich über jeden Stock dem Einkommensteueramte zugefertigt werden müssen (die

Einkommensteuer wird von den Koupons abgezogen) leicht wieder hergestellt werden. Nur dann, wenn auf Grund einer gefälschten oder unzureichenden Vollmacht eine Schuldverschreibung ausgehändigt ist, ist die Bank von Haftung frei. Zahlung der Zinsen an einen Unberechtigten hebt den Zinsanspruch des Berechtigten nicht auf. Die Bank sichert sich bei größeren Zinsposten und Cessionen wiederum durch Garantie der Bankiers und der Stockmakler; bei kleinen Zinsposten sollen trotz der sehr leichten Rekognition Verluste sehr selten sein. Die Prüfung der Legitimationen und die Erledigung von Formalien erfolgt mit wohlthuender kaufmännischer Koulanz.

Der Umstand, daß die Rechtsakte im Banklokale selbst vollzogen werden müssen, ist meistens auch nur scheinbar belästigend. Der Engländer ist gewohnt, vielleicht wesentlich in Folge dieses Systems, baares Geld so wenig wie möglich im Hause zu behalten, alles überschüssige Geld wandert sofort zum Bankier und alle irgend größeren Zahlungen werden durch Cheks auf diesen bewerkstelligt. Die Provinzialbankiers wieder geben ihren Ueberschuß an ihre Londoner Kollegen und diese weiter an die Bank von England ab.

Das hinterlegte Geld liegt dadurch nicht mehr still, sondern arbeitet, und sein Ertrag wird zwischen dem Darleiher und dem Hinterleger nach vorher verabredetem Maßstabe getheilt. Das Interesse eines Staatsschuldgläubigers geht also regelmäßig dahin, daß er die Zinsen nicht selbst erhält, sondern daß diese sofort seinem Bankier oder dessen Bankier verrechnet werden, damit sie dort sofort für ihn mitarbeiten. Erhebungsgebühren werden wohl ihm nur selten berechnet. Die Bank von England hat den Vortheil, daß sie, außer den vielen Millionen, die sie für Aktiengesellschaften auszahlt, auch jährlich ca. 400 Millionen Mark für den Staat auszukehren hat. Sie erhebt sich dadurch zum Mittelpunkt des ganzen Geldverkehrs der Welt. Die Bankiers endlich bekommen auf diese Weise die Disposition über diese enormen Zinsbeträge dauernd in die Hände und stützen darauf wesentlich auch ihre weltgebietende Stellung. Endlich bleibt dadurch die Staatsschuld in inländischen Händen, so daß die Zinsen dem eigenen Volke wieder zufließen und wird dadurch viel weniger drückend. Nur 12½ Millionen £ waren 1870 in auswärtigen Händen.

Abgesehen von der durch das Stocksystem gebotenen Sicherheit, scheint in dieser nationalen Sitte, das Geld nicht baar, sondern nur durch Verrechnen erhalten zu wollen, damit dasselbe im Verkehr bleibt und sich verzinst, der wesentliche Grund zu liegen, weshalb der Engländer die Inhaberpapiere und Koupons oft verschmäht und an dem System der Buchschuld festhält.

II. Frankreich wandelte von Beginn der Revolution ab seine bis dahin höchst verschiedenartigen Staatsschulden durch eine Generalliquidation in eine einzige fundirte Staatsschuld um und schuf durch Gesetz vom 24. August 1793 das grand livre de France, in das jeder Staatsschuldposten eingetragen werden muß, um für den Staat verbindlich zu sein. Von dieser Schuld wurden bald zwei Drittel gestrichen, oder durch werthlose Assignaten bezahlt, dagegen dem Reste und den künftigen Staatsschulden Steuerfreiheit bewilligt; auch wurden die Staatsschulden für unverjährbar und beschlagnameunfähig erklärt.

Der Staat verschuldet kein Kapital, sondern nur Rente. Im Verkehr freilich wird die Rente meist nach 100 Francs, verrentbar zu 3, 4, 4½ und 5 Prozent gehandelt, und auch die Größe der Staatsschuld wird nach der Höhe nicht der Renten, sondern des fingirten Schuldkapitals berechnet. Trotzdem, daß kein Kapital direkt verschuldet wird, ist die Rente rückkauf-, einlös- und konvertirbar, dagegen wird sie durch Ausloosungen nicht amortisirt. Erst 1878 hat Frankreich zum Ankauf der kleineren Eisenbahnen eine Anleihe von ca. 500 Millionen Francs aufgenommen, zwar in der Form 3%iger Rente, aber derart, daß diese Rente nicht konvertirbar sein, wohl aber durch 75 Jahresausloosungen zum Nennwerth amortisirt werden soll. Man wollte diese Schuld den Renten der Privatbahnen gleichstellen, welche auch bis 1950—60 amortisirt sein müssen, weil dann diese Bahnen dem Staate anheimfallen.

Die meist in großen Beträgen eingetragene Rente

wird dann in kleine Rentenposten bis 3 Francs hinab zerlegt und dem Rentner ein meist auf seinen Namen lautender Buchextrakt, inscription, folgenden Inhalts ertheilt: „Der Direktor der eingetragenen Schuld beurkundet, daß Herr N. N. in N. in's große Buch der 3 prozentigen Schuld mit einer Jahresrente von 30 Francs und dem Zinsgenusse davon seit dem 1. Januar 1882 eingetragen ist." Der Generaleinnehmer jeder der 87 Departements hält ein Nebenbuch des grand livre, für welches er auch Eintragungen von Staatsrente annimmt. Die Renten können auf Antrag in das Nebenbuch jedes anderen Departements und in das Pariser Hauptbuch übertragen werden.

Die Zinszahlung erfolgt gegen Vorzeigung der inscription ohne Legitimationsprüfung, jedoch für Namensrenten nur an der Stelle, wo die inscription zur Zeit eingetragen ist. Für 4 und $4\frac{1}{2}$ % Rente werden alle 6 Monate, für andere Renten alle 3 Monate die Zinsen bezahlt. Auf der Rückseite der inscription, wo die Zinszahlungstermine vorgedruckt sind, wird quittirt unter Beidrückung eines amtlichen Datumstempels. Will der Rentner die Zinsen selbst nicht erheben, und doch auch die inscription nicht aus Händen geben, so kann er Spezialvollmacht, in der sein Eigenthum an der inscription bescheinigt wird, ausstellen. Diese wird bei einem Notar hinterlegt, ein Extrakt davon der ersten Quittung beigefügt und ein zweiter dem Bevollmächtigten ausgehändigt, der darauf 10 Jahre lang die Zinsen erheben darf. Der Rentner kann ferner dem Generaleinnehmer erklären, daß die Zinsenrente als Zahlung für seine oder eines Anderen Steuern dienen solle. Dann wird ihm gegen seine Quittung über die Quartalsrente die Quittung über den entsprechenden Steuerbetrag ausgehändigt.

Die Rentenbriefe lauten entweder auf den Namen und sind dann ohne Koupons, oder auf den Inhaber mit Inhaberkoupons, oder sie sind titres mixtes, d. h. die inscription lautet auf Namen, die beigefügten Koupons aber auf den Inhaber. Letztere werden nicht für 4 und $4^1/_2$ % Rente, und sonst auch nur an Personen ausgegeben, die unbeschränkte Vermögensdisposition haben. Außerdem giebt es Lebensrenten, wie in England, neuerdings jedoch nur zum Zwecke der Altersversorgung. Inhaberrente kann gegen einfache Einlieferung derselben in Namens- oder gemischte Rente umgetauscht werden. Die Verwandlung der Namens- oder gemischten Renten dagegen in Inhaberrenten oder die der Namens- in gemischte Renten geschieht in der für Verkäufe vorgeschriebenen Form. Diese Form des Verkaufs der Rente ist die, daß der Verkäufer zusammen mit einem der staatlich bestellten Wechselagenten oder Notare die Uebertragungsakte unterzeichnet. Diese Akte und die alte inscription reicht der Agent dem zuständigen Umschreibungsbüreau ein, mit einem von ihm beglaubigten Zettel, worin er für das Eigenthum des Verkäufers und für die richtige Bezeichnung der Käufer und der ihnen zuzuschreibenden Antheile aufkommt. Dagegen erhält er eine Marke, gegen deren Rücklieferung dem Cessionar nach 2 Tagen die neue inscription ausgeliefert wird. Die durch Heirath, Verwittwung, Ehescheidung, Adoption, Großjährigkeit, Entmündigung, Konkurs, eintretenden Veränderungen im Civilstande oder in der Verfügungsfähigkeit müssen durch die nöthigen Dokumente belegt werden, um die Umschreibung zu erzielen. Vormünder, Verwalter fremden Vermögens und Benefizialerben dürfen nur Renten unter 50 Francs ohne behördliche Genehmigung übertragen. Bei Erbfällen und bei Schenkungen unter Lebenden, bei Zwangscessionen ist ein certificat de propriété erforderlich. Dies muß enthalten Namen, Vornamen und Wohnort des Berechtigten, den Titel, aus welchem er besitzt und den Anfangspunkt seines Zinsgenusses. Ausgestellt wird dasselbe bei Erbtheilungen und Inventarisationen oder Schenkungen durch den damit befaßten Notar, beim Mangel solcher öffentlicher Urkunden vom zuständigen Friedensrichter auf Zeugniß zweier Bürger hin, bei richterlich zugesprochenen Renten durch den Gerichtsschreiber, bei ausländischen Erbfällen durch die dortigen Behörden unter bloßer Legalisation durch einen Französischen diplomatischen Agenten oder Konsul. Außerdem muß bei Erbfällen und Schenkungen ein Attest des Erbschaftssteueramts beigefügt werden, daß für die genau zu beschreibende Rente die Erbschaftssteuer bezahlt ist.

Sind Namensrentenpapiere verloren gegangen, so verlautbart der Eigner deren Verlust vor seinem Maire und Zeugen, erhält darüber ein vom Präfekten legalisirtes Attest und darauf hin eine neue Inskription. Dasselbe gilt für titres mixtes, bei diesen muß aber für die fehlenden Koupons, für die fünfjährige Verjährungsfrist von Koupons Sicherheit bestellt werden. Verlorene Inhaberrenten werden durch neue ersetzt, wenn für deren Betrag nebst fünfjährigen Zinsen auf 20 Jahre Sicherheit geleistet wird.

Ueber die gegen den Staat aus den Renten entspringenden Ansprüche und über die Richtigkeit von Uebertragungen, soweit sie den Staat verbinden sollen, haben nicht die Gerichte, sondern nur die Finanzverwaltung zu befinden.

Vergleicht man dies System mit dem Englischen, so findet bei beiden weder ein Rückforderungsrecht des Gläubigers für sein Kapital, noch (abgesehen von der 1878er Anleihe) eine regelrechte Amortisation der einzelnen Schuldverschreibungen zum Nennwerthe statt, noch Außerkurssetzung.

Die große Dezentralisation für Renten-Ein- und Uebertragungen und für Zinszahlungen in 87 Departementsstädten, die Gelegenheit, sich Inhaberrenten zu 3, 4 und 5 Francs (also rund zu einem Thaler) zu kaufen und solche nach Aufsammlung eines größeren, sich abrundenden Betrages in eine Namensrente zu verwandeln, sowie die Rücksicht, die auf die Abneigung des kleinen Mannes gegen baares Zahlen der Steuern, und auf sein Mißtrauen, anderen sein Dokument anzuvertrauen, geübt wird, hat die Rente bis in die untersten Schichten des Volkes dringen lassen. Ihr Durchschnittsbetrag ist jetzt 167 Francs. Dies erleichtert die Unterbringung neuer Staatsanleihen im Inlande außerordentlich, macht die Staatsschuld von 20 Milliarden Francs wesentlich zu einer inländischen und daher leichter zu ertragenden, schafft eine Staatssparkasse für die etwas größeren Kapitalien, bei der die Unsicherheit des Inhaberpapiers vermieden werden kann, und bildet endlich, zusammen mit der Vertheilung des Grundbesitzes an fünf Millionen einzelner Grundbesitzer, ein außerordentlich erhebliches Gegengewicht gegen antistaatliche Bestrebungen.

Durch die Mannigfaltigkeit in den Formen der Verschreibungen und die Leichtigkeit, dieselben zu wechseln, ist den Bedürfnissen des Groß- und des Kleinverkehrs genügend Rechnung getragen. Die Geschäftsformen sind bis ins Einzelste exakt geregelt, nicht schwerfällig noch dem Verkehr hinderlich, werden aber auch strenge eingehalten. Dagegen fehlt der kaufmännische Zug, der in England Schuldner und Staatsgläubiger durchdringt, völlig. Die enorme Zinsenlast von jährlich 800 Millionen Francs wird wesentlich baar ausgezahlt, und jeder Gläubiger hat seinen Schein.

III. In Oesterreich gilt Folgendes:

1. Inhaberobligationen des Staates werden gegen bloße Einlieferung auf Verlangen in Namensobligationen umgetauscht, falls der Betrag 100 Gulden erreicht. Trägt die Inhaberobligation Verfügungsbeschränkungen, so muß der Einlieferer urkundlich nachweisen, daß er trotzdem das Dokument veräußern darf. Namensobligationen müssen mit beglaubigtem Giro auf den Fiskus versehen sein, wenn sie gegen Inhaberobligationen umgetauscht werden sollen; bei Veränderung in der Person des darin Benannten muß der Einlieferer auch seinen Eigenthumserwerb urkundlich nachweisen; Behörden, Korporationen, Stiftungen sind hiervon frei. Ferner werden beschädigte Obligationen gegen neue eingewechselt.

2. Bei Cessionen von Namensobligationen werden freie und unfreie Obligationen unterschieden. Unfrei sind einerseits diejenigen, welche ausdrücklich auf den Namen eines Kuranden, oder einer juristischen Person im engeren Sinne lauten, und ferner die durch die Verwaltung oder die Gerichte vinkulirten Obligationen. Bei deren Cession sind besondere Bedingungen vorgeschrieben.

Freie Obligationen dagegen werden auf bloßes unbeglaubigtes Giro des Benannten umgeschrieben.

3. Ebenso werden Zinsen von Namensobligationen auf unbeglaubigte Quittung des Benannten gezahlt. Ist auf Unterschrift eines Unbefugten die Um=

schreibung oder die Zinszahlung erfolgt, so hat, wenn nur der Name des auf der Obligation Benannten unterschrieben ist, der Fiskus dafür nicht aufzukommen. Wer sich dagegen sichern will, muß beim Fiskus ausdrücklich verlangen, daß nur gegen seine beglaubigte Unterschrift oder gegen Vorzeigung der Obligation Zinszahlung und Umschreibung erfolgen solle.

Kouponszinsen werden bei jeder Steuerkasse gezahlt. Sonstige Dezentralisation der Geschäfte der Staatsschuldenverwaltung wird im Interesse der vielsprachlichen Bevölkerung möglichst angestrebt. Die Staatsschulden sind 1864 thunlichst in eine einzige Art zusammengezogen. Regelrechte Amortisation der letzteren findet nicht statt. 1876 ist auch Staatsschuld in Form bloßer Rente ausgegeben.

Die Oesterreichischen und Französischen Namensobligationen sind nur Beweisurkunden, nicht aber Träger des Forderungsrechts.

IV. Die Badische Verwaltung hat ohne spezielle gesetzliche Autorisation für Eisenbahn-Schuldverschreibungen Folgendes angeordnet:

Dieselben werden auf den Inhaber gestellt, jedoch auf dessen Verlangen auch auf den Namen eingeschrieben oder auch freigeschrieben, das heißt wieder auf den Inhaber gestellt, und es wird, daß solches geschehen, auf dem zweiten Blatt der Schuldverschreibung bemerkt. Der Eintrag des Namens hat zur Folge, daß das Kapital nur an die zuletzt eingetragene Person rechtsgültig bezahlt werden kann.

Der Fortschritt besteht hier darin, daß die Umwandlung von Inhaber- in Namensobligationen und rückwärts unter Benutzung desselben Dokuments geschieht.

Italien, Rußland, Spanien, Belgien haben ebenfalls das System des Staatsschuldbuches angenommen, wonach die gesammte fundirte Staatsschuld in dies Buch eingetragen werden muß, Eintragungen in dasselbe nur auf Grund spezieller Gesetze erfolgen dürfen, und die Inskription ins Buch die Belastung des Staatsvermögens mit der Schuld erzeugt.

V. Das Schuldenwesen Italiens speziell ist dem Französischen nachgebildet, namentlich in der Form der Namens- und der Inhaberpapiere, bezüglich der Zinszahlung, Verjährung von Zinsen, Wiederherstellung verlorener Namenspapiere, Uebertragungen der Namenspapiere durch Giro, bei Erbfällen, beim Konkurs, bezüglich der Mitwirkung der Wechselagenten, ev. der Notare als Garanten bei Beglaubigungen 2c. An Besonderheiten treten folgende hervor: Eine Abschrift des Staatsschuldbuchs wird beim Staatsrechnungshof aufbewahrt und allmonatlich ergänzt. Die Ueberwachungskommission der Staatsschuld ist nach dem Muster der Preußischen Staatsschuldenkommission gebildet. Unterkomtoire der Staatsschuldenverwaltung existiren nicht in jeder Departementshauptstadt, sondern nur in Florenz,

Mailand, Neapel und Palermo. Namens- und Inhaberpapiere können in Theilbeträgen auseinander und in größeren Summen zusammengeschrieben werden; die eine Art kann beliebig gegen die andere umgetauscht werden. Bei Namenspapieren für nicht verfügungsberechtigte Personen wird der Name des Pflegers mit vermerkt. Pfandrecht, Arrest, Nießbrauch ist bei Namens-, nicht bei Inhaberpapieren zulässig und wird im Staatsregister und auf dem Schulddokument verzeichnet. Jedoch ist mehr als eine solche Vinkulirung nicht zulässig. Die Zinsen werden bei Inhaberpapieren gegen die Koupons, bei Namenspapieren an den Vorzeiger der Schuldurkunde gezahlt, soweit der Eingetragene nicht verlangt, daß sie nur an ihn selbst gezahlt werden dürfen. Inhaber von Postsparkassenbüchern dort (solche sind in Italien, Oesterreich, Frankreich, England, Belgien, Holland eingeführt) können verlangen, daß die Zinsen ihrer Staatsschuldverschreibungen ihnen als neue Einlage ins Postsparkassenbuch direkt gutgeschrieben werden.

VI. Auch die Vereinigten Staaten von Nordamerika haben 1. Inhaberpapiere (coupon bonds), und 2. Namenspapiere (registered bonds), bei denen der Eigner nicht bloß auf der Obligation, sondern auch in dem Register des Staates verzeichnet ist. Kouponbonds können auf Antrag beim Schatzamte gegen registrirte Bonds umgetauscht werden; das Umgekehrte dagegen ist nicht zulässig. Eigentliche

Titres mixtes existiren hier ebenso wenig wie in Italien.

Auf der Rückseite der Namenspapiere ist ein Uebertragungsformular nebst Gebrauchsanweisung aufgedruckt. Ist dasselbe nur in blanco ausgefüllt, so wird das Namens- zu einem Inhaberpapier. Der Cessionar erhält statt der alten eine neue Urkunde vom Schatzamte ausgefertigt, die ihm am selben Tage, wo die alte Urkunde eingeliefert wird, durch die Post zugestellt werden muß. Sonstige Veränderungen in der Person des Berechtigten werden in ein beim Schatzamt geführtes Register, in dem jede Namensobligation vollständig beschrieben ist, eingetragen.

Bei Erbfällen muß der Erbe oder sonst Verfügungsberechtigte official evidence von dem Todesfalle und seiner Berechtigung liefern. Bei Todesfällen im Auslande genügen Erbatteste der dortigen Behörden, wenn sie von einem Beamten oder Handelsagenten der Vereinigten Staaten, oder in deren Ermangelung notariell legalisirt sind. Zu Beglaubigungen für Staatsschulden im Inlande sind auch alle Steuerbeamten und jeder Vorsitzende oder Kassirer einer Nationalbank meist befugt, im Auslande Notare, deren Atteste aber von einem Beamten der Vereinigten Staaten legalisirt werden müssen. Die Uebertragung von Namenspapieren an Cessionare und die Umwechslung von Inhaber- in Namenspapiere erfolgt kostenlos; ebenso wenig darf ein Beamter des Staats für Beglaubigungen und Legalisirungen von Staatsschulden Gebühren erheben. Auch sind die meisten Staatsschulden von Staats- und Kommunalsteuern befreit.

Die Zinsen der meisten Anleihen auf Namen werden nur durch Cheks auf das Schatzamt bezahlt, die durch die Post den Zinsempfängern zugesandt werden, girirt werden können und in einer der 10 größten Städte des Landes zahlbar sind. Nur bei wenigen Anleihen muß der Namensgläubiger die Zinsen gegen Vorzeigung der Schuldurkunde erheben. Einen Monat vor dem Zinszahlungstermine werden die Bücher für Uebertragungen beim Schatzamte geschlossen.

Verlorene und zerstörte Namenspapiere werden durch neue ersetzt, wenn deren Verlust dem Schatzsekretär glaubhaft gemacht ist und zwei Bürgen dem Fiskus für jeden Schaden garantiren.

Die Außerkurssetzung von Inhaberpapieren ist allen genannten Staaten mit Ausnahme von Oesterreich unbekannt.

Im Verlaufe der Generaldiskussion wurde bemerkt: die fundirte Preußische Staatsschuld ist jetzt fast ausnahmslos durch Inhaberpapiere verbrieft. Diese Form erleichtert zwar die Uebertragung solcher Staatsschulden bedeutend, weil die bloße Uebergabe des Inhaberpapieres die Veräußerung vollendet. Dagegen gewährt die Inhaberform dem Gläubiger verhältnißmäßig geringe Sicherheit, weil er beim Diebstahl des Papiers dasselbe nicht von dem dritten Erwerber zurückfordern kann, es sei denn, daß dasselbe außer Kurs gesetzt war. Wird das Papier zufällig vernichtet, so muß der Gläubiger glaubhaft machen, daß er letzter Inhaber desselben gewesen sei, was unter Umständen mit Schwierigkeiten verbunden ist, und außerdem ein langwieriges und kostspieliges Amortisationsverfahren veranlassen. Koupons können überhaupt nicht amortisirt werden, vielmehr werden für verlorene Koupons neue nur dann ausgehändigt, wenn die Staatsschuldenverwaltung die Ueberzeugung gewonnen hat, daß die alten Koupons wirklich durch Zufall vernichtet sind.

Die Staatsregierung hat sich deshalb veranlaßt gesehen, eine neue Form für die fundirte Staatsschuld neben der bisherigen zu schaffen, welche, freilich unter Erschwerung der Cirkulationsfähigkeit der Schuld, dem Gläubiger die größtmögliche Sicherheit für seine Forderung gewähren soll. Der Gläubiger hat sein Inhaberpapier an die Staatsschuldenverwaltung zurückzuveräußern und wird in ein von dieser Behörde geführtes Register, „Staatsschuldbuch" genannt, als Gläubiger des Staates für den gleichen Betrag in konsolidirter 4 prozentiger Anleihe eingetragen.

Eine eigentliche Schuldverschreibung erhält er nicht, sondern nur eine Benachrichtigung von der erfolgten Eintragung. Er kann jederzeit diese Buchschuld dadurch wieder zur Erlöschung bringen, daß er die Auslieferung eines gleichen Betrages in Inhaberpapieren verlangt.

In der Kommission wurde allseitig anerkannt, daß die Einführung dieser zweiten Form der Staatsschuld einen wünschenswerthen Fortschritt enthalte.

Mehrfach aber trat die Ansicht hervor, daß dieser Fortschritt ein zu beschränkter sei. Man wies auf das Beispiel von England, Frankreich, Italien, Oesterreich und Nordamerika hin, welche sämmtlich den Staatsgläubigern den unbeschränkten Umtausch von Inhaber- in Namenspapiere und von Namenspapieren in Inhaberpapiere gestatteten, und, wie England, daneben noch das System der Stockschuld zuließe. Es wurde der Antrag gestellt: neben den Inhaber- auch Namensobligationen mit Inhaberkoupons (titres mixtes) zuzulassen und die beliebige Auswechselung beider Arten gegen einander zu gestatten. Die größere Vielseitigkeit in den Formen der Staatsschuld werde nicht nur den verschiedenen Bedürfnissen des Verkehrs und der Staatsgläubiger Rechnung tragen, sondern auch den Staatskredit erhöhen und dem Staate selbst billigeres Geld verschaffen. Regierungsseitig wurde diesem Antrage widersprochen:

Das Kreditbedürfniß des Preußischen Staates sei kein so großes, daß derselbe, wie andere Staaten, eine große Mannigfaltigkeit von Staatsschuldformen zu schaffen brauche. Durch Vermehrung dieser Formen werde das Staatsschuldenwesen übermäßig komplizirt, die Uebersichtlichkeit desselben erschwert und die Arbeitslast der Staatsschuldenverwaltung enorm gesteigert. Die Verweisung auf andere Länder sei nicht zutreffend, weil das Staatsschuldenwesen sich dort meist in umgekehrter Reihenfolge vom Namens- zum Inhaberpapier entwickelt habe. In Preußen dagegen gehe man von der leichtesten Verkehrsform des Inhaberpapieres aus und genüge dadurch den Ansprüchen derjenigen, welche mit ihren Staatsobligationen Handel treiben wollten. Bei dem gegenwärtigen Entwurfe dagegen seien vorzugsweise diejenigen Kapitalien ins Auge gefaßt, welche dem Handel und Verkehr als überschüssig entzogen und als lediglich zur mäßigen Verzinsung bestimmt, möglichst dauernd dem Staate leihweise überlassen werden sollten. Für diese festen Kapitalien wolle man eine Form schaffen, welche dem Gläubiger möglichste Sicherheit und möglichst geringe Belästigung bei der Verwaltung derselben gewähre. Dagegen liege es nicht in der Absicht des Entwurfes, Kapitalien heranzuziehen, deren Eigenthum einem raschen Wechsel unterworfen sei. Jedenfalls sei es unerwünscht, gleichzeitig zwei oder mehrere Systeme von Staatsschulden neu einzuführen und die Geschäfte der Hauptverwaltung der Staatsschulden dadurch wesentlich zu erweitern und zu kompliziren, zumal deren künftiger Umfang sich ohnehin nicht mit genügender Zuverlässigkeit beurtheilen lasse.

Die Erfahrung anderer Länder zeige, daß von den sogenannten titres mixtes nur in verhältnißmäßig geringem Maße Gebrauch gemacht würde. Wenn nach Einführung des Staatsschuldbuches sich ein Verkehrsbedürfniß herausstelle, daneben noch reine Namenspapiere oder titres mixtes zu schaffen, so werde man dies Bedürfniß durch neue Gesetze befriedigen können. Zur Zeit glaube die Staatsregierung mit Einführung der Buchschuld das allein Nothwendige gethan zu haben.

Von anderer Seite wurde noch darauf hingewiesen, daß die Namenspapiere in zwei ganz verschiedene Klassen zerfielen. Wenn in England der Träger eines Inhaberpapiers in dasselbe seinen Namen als Gläubiger eintrage, so habe der Schuldner weder Kenntniß davon, daß der Betreffende Inhaber des Papieres sei, noch davon, daß derselbe seinen Namen in das Papier eingeschrieben habe. Wenn also auch freilich kein Dritter mehr Rechte aus dem mit dem eingeschriebenen Namen versehenen Papier geltend machen könne, so trete doch beim Untergang des Papiers der Uebelstand ein, daß der Gläubiger nachweisen müsse, daß er Inhaber des Papieres gewesen sei; falls er diesen Nachweis nicht führen könne, werde er seiner Gläubigerrechte verlustig. Anders läge die Sache dann, wenn die Umgestaltung des Inhaber- in ein Namenspapier unter Mitwirkung des Schuldners und unter Eintragung in dessen Bücher erfolgt sei. Der Verlust des Papieres sei dann nur Verlust eines Beweisdokumentes, dem Gläubiger aber unnachtheilig, weil sein Gläubigerrecht noch durch die Bücher des Schuldners bewiesen bliebe, und der Schuldner könne, falls keine Denunziation eines Cessionars an ihn geschehen sei, noch immer rechtswirksam an den in seine Bücher eingetragenen Gläubiger zahlen.

Der Antragsteller wollte nur die letztgedachte Art von Namenspapieren einführen. Sein Antrag wurde indeß von der Kommission abgelehnt.

Ein anderes Kommissionsmitglied sprach den Wunsch aus, daß bei Begebung neuer Anleihen Jedermann gestattet werden möge, statt erst Inhaberpapiere zu erwerben, und gegen deren Einlieferung seine Eintragung ins Staatsschuldbuch zu erwirken, den vom Staate festgestellten Emissionskurs baar an die Staatsschuldenverwaltung einzuzahlen und dagegen die Eintragung für den entsprechenden Nominalbetrag ins Staatsschuldbuch zu erlangen. Es werde dadurch die nicht kostenlose Mitwirkung größerer Bankfirmen bei Emmission von Staatsanleihen sich großen Theils vermeiden lassen.

Regierungsseitig wurde zwar die Geneigtheit erklärt, größeren Kapitalbesitzern auf rechtzeitige Anzeige an die Seehandlung zu gestatten, Staatspapiere neuer Emissionen direkt und ohne Vermittelung der Börse zu beziehen. Im Uebrigen aber wurde dem Antrage widersprochen. Erfahrungsmäßig pflege sich das größere Publikum, falls der

Staat plötzlich mit einem größeren Geldbedürfniß an den Geldmarkt heranträte, nur in geringem Maße zu betheiligen und gerathe der Staat, wenn er vorzugsweise auf dessen Betheiligung reflektire, leicht in die Lage, daß das verlangte Kapital nicht gezeichnet würde. — Der Gesetzentwurf schließe sich im Uebrigen thunlichst an das bestehende System der Emission von Schuldverschreibungen an. Eine weitergehende Abweichung von dem bisherigen Verfahren erfordere besondere geschäftliche Einrichtungen. Ob eine Eintragung gegen Einzahlung des baaren Emissionskurses künftig zuzulassen, werde von den mit dem Gesetz zu machenden Erfahrungen abhängen.

Das betreffende Kommissionsmitglied stand hierauf von der Formulirung eines bestimmten Antrages ab. Anträge darauf, daß der Staat überhaupt kein Kapital, sondern nur eine Zinsrente versprechen sollte, wurden nicht gestellt.

Eine weitere Opposition erhob sich gegen die in dem Entwurfe beabsichtigte juristische Konstruktion der Staatsbuchschuld. Es wurde bemerkt, es sollten doch nur Inhaberpapiere (Fungibilien) an den Staat veräußerungsweise hingegeben werden unter der Abrede, daß der Staat dem Einlieferer auf Verlangen demnächst andere Inhaberpapiere derselben Anleihe vom gleichen Nennwerth (andere Fungibilien) zurückgeben solle. Dieses Rechtsgeschäft kennzeichne sich als uneigentliches Darlehen, oder richtiger, weil der

Staat die eingelieferten Papiere nur vernichten, nicht aber für sich gebrauchen solle, als eine uneigentliche Hinterlegung (depositum irregulare). Solche uneigentliche Hinterlegungen kämen in jedem Bankgeschäft täglich mehrfach vor, und brauche deshalb die Staatsschuldenverwaltung nur gesetzlich autorisirt zu werden, solche Geschäfte für ihre Verschreibungen abzuschließen, unter Festsetzung der Gebühren und mit Unterstellung dieses Geschäftszweiges unter die Kontrolle der Staatsschuldenkommission. Die näheren Modalitäten solcher Geschäfte würden sich, wie bei den entsprechenden Bankiergeschäften, nach den gewöhnlichen Rechtsregeln zu richten haben; nöthigenfalls könne der Finanzminister die noch erforderlichen reglementarischen Bestimmungen nach dem Muster der Vorschriften bei der Reichsbank erlassen. Es wurde daran der Antrag geknüpft, den Gesetzentwurf auf einen einzigen, eine solche Hinterlegung von Preußischen Staatsinhaberpapieren gestattenden Paragraphen zu beschränken. Zur Empfehlung dieses Antrages wurde bemerkt:

1. derselbe ändere an dem System der Verbriefung der Staatsschuld bloß durch Inhaberpapiere nichts und vermeide die unnöthige doppelte Novation der Inhaber- in eine Buchschuld und dann der Buch- in eine Inhaberschuld;

2. dies System der uneigentlichen Hinterlegung werde dem Publikum verständlicher sein, als die bisher unbekannte Buchschuld, die nicht auf Zahlung

des Nennwerthes in Geld, sondern in Inhaberpapieren ginge;

3. diese Form gestatte eine Nachahmung durch jedes andere größere Kreditinstitut, gäbe also dem Fiskus nicht das Vorrecht auf eine ausschließliche Schuldform;

4. es gestatte den Deponenten, die Koupons und auch die Talons bei sich zurückzubehalten und schaffe somit indirekt titres mixtes. Neue Kouponserien könnten durch Bedruckung mit einer anderen Farbe eicht als solche kenntlich gemacht werden, für welche eine Hauptobligation nicht im Verkehr sei;

5. ferner würde für diese Hinterlegung ein Depositalschein auf Namen ausgegeben werden können, welcher aber nur Beweisurkunde sein würde, weil die Deposition überdies durch die Bücher der Staatsschuldenverwaltung dargethan sei. Dieser Depositalschein würde für den Gläubiger die Stelle der Schuldurkunde, abgesehen von Cessionen, fast völlig ersetzen. Er würde für Kautionsbestellungen, für Vermögensnachweise, für die Vorbereitung einer Cession, als Belagstück bei Kassenrevisionen u. s. w. von größtem Nutzen sein, während die in dem Entwurf vorgesehene bloße schriftliche Benachrichtigung zu diesen Zwecken untauglich sei, weil sie niemals eine Sicherheit dafür gebe, daß die Staatsbuchschuld nicht bereits wieder abgehoben sei. Denn der Benachrichtigungszettel solle bei Wiederabhebung der Inhaberpapiere nach dem Entwurfe nicht wieder

eingefordert werden. Sein Verbleiben im Verkehr würde folglich ausgedehnten Täuschungen darüber, daß die Staatsbuchschuld noch fortexistire, Thür und Thor öffnen. Der Depositalschein auf Namen dagegen würde bei Abhebung des Depositums zurückzuliefern sein, könne, weil er nur Beweisurkunde sei, im Fall des Verlustes leicht für kraftlos erklärt werden, und gebe dem Gläubiger stets eine sichere Legitimation für seine Forderung dem Staate und dem Publikum gegenüber;

6. schließlich erleichtere dieses System eine kostenersparende Dezentralisation. Neben den bei jeder Regierung bereits bestehenden eigenen Hinterlegungskassen könne überall ein Nebenkomtoir gegründet werden, welches Staatsobligationen mit oder ohne Koupons in Verwahrung zu nehmen habe. Der Justitiar und die sonstigen Beamten der eigentlichen Hinterlegungskasse, die mit dem Hinterlegungswesen genau vertraut seien, würden dieses neue spezielle Hinterlegungsgeschäft ohne großen Mehraufwand von Kräften mitbesorgen können. Die Kassengewölbe, Kontrollbehörden 2c. seien auch schon vorhanden. Dem Publikum endlich würden die Hinterlegungsstellen dadurch viel näher gerückt, sein Verkehr mit denselben, den ja auch die Steuerempfänger, oder die Beamten der indirekten Steuern vermitteln könnten, würde erleichtert und von den lästigen Formalitäten des gegenwärtigen Entwurfes befreit sein. Regierungsseitig wurde bemerkt, daß die Königliche Staats-

regierung den Gedanken einer Hinterlegung mit Restitution in genere nicht unerwogen gelassen habe. Eine nähere Erwägung des Details habe denselben aber nicht als ausführbar erscheinen lassen. Insbesondere müsse sich die Staatsregierung gegen den jetzt gemachten Vorschlag aus folgenden Gründen erklären:

Der Entwurf beruhe, wie es der Natur des Schuldverhältnisses entspreche, auf der Annahme eines Darlehnsgeschäfts ohne dieses zum theoretischen Ausdruck zu bringen, die Formen dieses Geschäftes seien in thunlichster Einfachheit nach den drei Gesichtspunkten: der Sicherung des Gläubigers, der möglichsten Erleichterung des Verkehrs und der Gewährleistung einer geordneten Verwaltung bestimmt worden. Diese Rücksichten erforderten besondere, von den allgemeinen Rechtsgrundsätzen zum Theil abweichende Bestimmungen. Solche Bestimmungen über Entstehung, Wirksamkeit und Beendigung des Rechtsverhältnisses könnten auch nicht entbehrt werden, wenn man für das zu erlassende Gesetz von dem Gedanken eines sogenannten depositum irregulare ausgehe. Dem Reglement könnten die Spezialbestimmungen nicht überlassen bleiben, da es sich jedenfalls zum Theil um Verhältnisse handele, welche im Rechtswege zu verfolgen seien und welche gegenüber den allgemeinen Rechtsvorschriften eine singuläre Normirung erforderten. Bei der Annahme eines depositum irregulare, wie es der Betrieb eines

Bankiergeschäfts mit sich bringe, scheine für den vorliegenden Fall der Umstand außer Betracht gelassen zu sein, daß es sich einmal um ein Geschäft mit der Emissionsstelle, dem Schuldner, handele und andererseits, daß dieser Schuldner der Staat sei, welcher Umstand im öffentlichen Interesse bestimmte Garantien erfordere. Namentlich in ersterer Beziehung ergäben sich in Folge der auch von dem Antragsteller gewollten Vernichtung der Schuldverschreibungen eigenthümliche Konsequenzen, welche besondere Bestimmungen über die Rechte Dritter, insbesondere der Privatgläubiger des Berechtigten, über die Legitimationen, Zinserhebung und Rückumwandlung, sowie eine genaue und vollständige Buchführung nöthig machten. Dabei verschwinde der Begriff eines Depositums vollständig. Vereinfachungen im Geschäftsgange seien von dem Vorschlage nicht zu erwarten. Ein mit bestimmten rechtlichen Wirkungen ausgestatteter Depositalschein werde die in dem Entwurf vorzugsweise beabsichtigte Sicherheit des Gläubigers beeinträchtigen. Eine Dezentralisation in der Verwaltung sei bei der Nothwendigkeit einer strengen Kontrolle, namentlich bezüglich der Zinszahlung und der Umwandlung unzulässig, bei den gegenwärtigen Einrichtungen aber auch nicht ausführbar. Insbesondere würden hierzu die vorhandenen Hinterlegungsstellen nicht genügen.

Bei der darauf folgenden Diskussion wurde auch dieser Antrag mit allen gegen zwei Stimmen abgelehnt. Es verblieb danach bei den Prinzipien des Regierungsentwurfes.

Berlin, den 7. Mai 1883.

Die XVIII. Kommission.

v. Tiedemann (Bomst), Vorsitzender. **Francke**, Berichterstatter. **Beisert**. **Evers**. **v. Gramatzki**. **Herr**. **Hoffsümmer**. **v. Hülsen**. **Kochhann**. **Mundt**. **Uhlendorff**. **Bygen**. **Dr. Wagner** (Osthavelland). **Wessel**.

II. Das Reichsschuldbuch.

Einleitung.

Das Reichsschuldbuchgesetz vom 31. Mai 1891 ist dem Preußischen Staatsschuldbuchgesetz vom 20. Juli 1883 rc. nachgebildet und stimmt mit demselben fast wörtlich überein. Der Reichstag genehmigte den ihm vorgelegten Entwurf, ohne ihn zuvor an eine Kommission zu verweisen und ohne jede Debatte in erster, zweiter und dritter Lesung.

In der Begründung der Reichsregierung wird auf die von Jahr zu Jahr wachsende Benutzung des Preußischen Staatsschuldbuchs, welches sich durchaus bewährt habe, sowie darauf hingewiesen, daß Angesichts der Ausdehnung, welche die Reichsschuld genommen habe, es sich empfehle, eine derartige Umwandlung, die den Besitz des Forderungsrechtes von dem Besitze einer über die Forderung ausgestellten Urkunde gänzlich loslöst und die Befugniß zur Zinserhebung lediglich an die Eintragung in das Schuldbuch knüpft, in gleicher Weise den Inhabern von Reichsschuldverschreibungen zu ermöglichen.

Es wird geltend gemacht, daß die Einrichtung eines Reichsschuldbuchs den Gläubigern erhebliche wirthschaftliche Vortheile biete, insofern sie dieselben in den Stand setze, durch die Eintragung sich gegen einen zufälligen Verlust des Forderungsrechtes wie des Zinsgenusses in vollem Umfange zu sichern und zwar unter Wegfall der mit der Aufbewahrung und Verwaltung von Werthpapieren verbundenen Mühen und Kosten. Sie liege gleichzeitig im Interesse des Reichs, nach dessen Schuldtiteln sie einen erhöhten Begehr hervorzurufen geeignet sei.

Wesentlichere Abweichungen enthalte der Entwurf nur da, wo solche durch die anders gearteten Verhältnisse, insbesondere durch die Rücksichtnahme auf die Lage der Partikulargesetzgebung der außerpreußischen Bundesstaaten geboten erschienen.

Die Abweichungen bestehen hauptsächlich darin, daß an Stelle der konsolidirten Anleihe — die Reichsanleihen, die übrigens denselben rechtlichen Charakter haben, insbesondere auch der Auslosung nicht unterworfen sind, an Stelle der Hauptverwaltung der Staatsschulden — die Reichsschuldenverwaltung, deren Funktionen bis auf Weiteres von der Hauptverwaltung der Staatsschulden ausgeübt werden, s. §. 9 der Reichsschuldenordnung vom 19. März 1900 (R.G.Bl. S. 129), endlich an Stelle der Staatsschuldenkommission — die Reichsschuldenkommission treten. Sonstige Abweichungen werden bei den betreffenden Paragraphen erwähnt werden. Im Uebrigen gilt Alles bei dem Staatsschuldbuchgesetze Gesagte auch hier.

Reichsgesetz

vom 31. Mai 1891
betreffend

das Reichsschuldbuch (R.G.Bl. S. 321)

mit den Aenderungen
durch Art. 50 des E.G. zum B.G.B. und §. 188 des Reichsgesetzes vom 17. Mai 1898, über die Angelegenheiten der freiwilligen Gerichtsbarkeit (R.G.Bl. S. 771)
und
mit den Ausführungsbestimmungen des Bundesraths vom 21. Januar 1892 (Reichsanzeiger Nr. 26 I).

Wir **Wilhelm,** von Gottes Gnaden Deutscher Kaiser, König von Preußen ꝛc.

verordnen im Namen des Reichs, nach erfolgter Zustimmung des Bundesraths und des Reichstags, was folgt:

§. 1.

Schuldverschreibungen der Reichsanleihen können in Buchschulden des Reichs auf den Namen eines bestimmten Gläubigers umgewandelt werden.

§. 2.

Die Umwandlung erfolgt gegen Einlieferung zum Umlauf brauchbarer Reichsschuldverschreibungen durch Eintragung in das bei der Reichsschuldenverwaltung zu führende Reichsschuldbuch.

Für die zu verschiedenen Zinssätzen erfolgenden Eintragungen können getrennte Bücher angelegt werden.

In dem Reichsschuldbuche sind auch die in dem Schuldverhältnisse eintretenden Veränderungen zu vermerken.

Von dem Reichsschuldbuche ist eine Abschrift zu bilden und getrennt aufzubewahren.

Ueber den Inhalt des Reichsschuldbuches darf nur dem eingetragenen Gläubiger, seinen gesetzlichen Vertretern, Bevollmächtigten und Rechtsnachfolgern von Todeswegen, sowie bezüglich der im §. 4 unter Nr. 3 und 4 bezeichneten Gläubiger den zur Revision der Kassen derselben berechtigten öffentlichen Behörden oder sonstigen Personen, letzteren aber nur, falls ihre Berechtigung zur Kassenrevision durch eine inländische öffentliche Behörde bescheinigt ist, Auskunft ertheilt werden.

Der Bundesrath hat in seiner Sitzung vom 21. d. M. beschlossen, die nachstehenden Ausführungsbestimmungen zu dem Gesetze vom 31. Mai 1891, betreffend das Reichsschuldbuch (Reichs-Gesetzbl. S. 321), zu genehmigen.

Berlin, den 27. Januar 1892.

Der Reichskanzler.
In Vertretung:
Freiherr von Maltzahn.

Artikel 1.
(§. 2 und 4 des Gesetzes vom 31. Mai 1891.)

1. Ueber die zu verschiedenen Zinssätzen erfolgenden Eintragungen in das Reichsschuldbuch werden getrennte Bücher geführt.

Jedes dieser Bücher zerfällt in sieben Abtheilungen:

Abtheilung I für physische Personen (§. 4 Nr. 1 des Gesetzes),

Abtheilung II für Handelsfirmen (§. 4 Nr. 2 daselbst),

Abtheilung III für eingetragene Genossenschaften,

Abtheilung IV für eingeschriebene Hülfskassen,

Abtheilung V für juristische Personen,
zu III bis V sofern sie im Inlande ihren Sitz haben (§. 4 Nr. 3 daselbst),

Abtheilung VI für Vermögensmassen ohne juristische Persönlichkeit, wie Stiftungen, Anstalten, Familienfideikommisse, deren Verwaltung von einer öffentlichen Behörde oder unter deren Aufsicht geführt wird (§. 4 Nr. 4 daselbst),

Abtheilung VII für Vermögensmassen, deren Verwalter ihre Verfügungsbefugniß über die Masse durch eine gerichtliche oder notarielle Urkunde nachweisen (ebendaselbst).

Für jede Abtheilung werden soviel einzelne Konten angelegt, als Gläubiger einzutragen sind. Jedes Konto wird nach dem beifolgenden Muster I eingerichtet.

Anlage I.

Zu jeder Abtheilung ist ein alphabetisches Namenregister zu führen.

Die Abschrift des Reichsschuldbuchs wird in einem besonderen Gebäude aufbewahrt. Die Abschrift der einzelnen Eintragungen wird spätestens eine Woche nach den Eintragungen selbst bewirkt.

2. Bei Prüfung der Frage, ob die zur Umwandlung in eine Buchschuld eingereichten Reichsschuldverschreibungen zum Umlauf brauchbar sind (§. 2 des Gesetzes) ist Folgendes zu beachten:

Die Schuldverschreibungen dürfen nicht gerichtlich für kraftlos erklärt oder von einem Gericht oder einer mit Vollstreckungsbefugniß ausgestatteten Behörde mit Beschlag belegt sein. Befindet sich eine Außerkurssetzung darauf vermerkt, so muß auch der Vermerk ordnungsmäßiger Wiederinkurssetzung sich vorfinden. Die Umwandlung befleckter oder beschädigter Stücke ist nur zulässig, wenn nach dem Ermessen der Reichsschuldenverwaltung der Antragsteller sich als der rechtmäßige Besitzer der umzuwandelnden Schuldverschreibungen ausgewiesen hat. Jeder eingereichten Schuldverschreibung müssen die noch nicht fälligen Zinsscheine (Koupons) und der dazu gehörige Erneuerungsschein (Talon, Anweisung) beigefügt sein. Nur den Schuldverschreibungen, welche in einem dem Fälligkeitstermine der Zinsen vorangehenden Monat eingereicht werden, sind die nächstfälligen Zinsscheine nicht beizufügen.

§. 3.

Die Eintragung einer Buchschuld geschieht auf Antrag des Inhabers und auf den Namen der in dem Antrage als Gläubiger bezeichneten Person.

Artikel 2.

(§. 3 a. a. O.)

1. Zu dem Antrag auf Eintragung einer Buch-

Anlage II.

schuld ist das beiliegende Muster II zu benutzen.

2. Die Bezeichnung des Gläubigers muß so genau erfolgen, daß die Unterscheidung von einem Anderen mit Sicherheit geschehen kann.

Bei physischen Personen sind anzugeben:

a) der Familienname,

b) die Vornamen,

c) bei Frauen auch der Geburtsname,

d) der Beruf oder Stand,

e) der Wohnort und soweit erforderlich die Wohnung.

Bei großjährigen unter Vormundschaft stehenden Personen ist der Grund der Entmündigung (z. B. entmündigt wegen Geisteskrankheit), bei minderjährigen Personen ihr Geburtstag und Geburtsort oder Name, Stand und letzter Wohnort des Vaters anzugeben.

3. Die gleichen genauen Angaben (s. 2a bis e) sind erforderlich für die als zum Zinsempfang berechtigt bestellten physischen Personen, seien dies nun Bevollmächtigte oder Vormünder oder andere gesetzliche Vertreter.

4. Etwaige Beschränkungen der Gläubiger in Bezug auf Kapital oder Zinsen sind am Schluß zu beantragen.

5. Soll die Eintragung auf den Namen einer juristischen Person, Handelsfirma, eingetrage-

nen Genossenschaft oder eingeschriebenen Hülfskasse geschehen, so ist, soweit es nicht notorisch, dem Antrage das Zeugniß der zuständigen öffentlichen Behörde beizufügen, durch welches dargethan wird, bei juristischen Personen, daß sie rechtliche Existenz und ihren Wohnsitz im Inlande haben, bei den Firmen, daß sie mit der angegebenen Bezeichnung und Wohnung im Handelsregister, bei eingetragenen Genossenschaften, daß sie in einem Genossenschaftsregister im Inlande eingetragen, und bei eingeschriebenen Hülfskassen, daß sie als Kassen innerhalb dieses Gebiets zugelassen sind.

Soll die Eintragung auf den Namen einer Vermögensmasse erfolgen, deren Verwaltung von einer öffentlichen Behörde geführt oder beaufsichtigt wird, so ist die Reichsschuldenverwaltung befugt, zu verlangen, daß durch geeignete Urkunden die Eigenschaft der Behörde als einer öffentlichen und ihre Zuständigkeit nachgewiesen werde.

6. Werden Schuldverschreibungen mit verschiedenen Zinssätzen gleichzeitig zur Umwandlung eingereicht, so sind für dieselben getrennte Anträge zu stellen.

7. Jedem Antrage ist ein besonderes Verzeichniß nach dem beiliegenden Muster III beizufügen, in welchem die mit dem Antrage überreichten Schuldverschreibungen nach Jahrgang,[1]) Anlage III.

Littera, Nummer und Nennbetrag aufgeführt sind. Die Schuldverschreibungen sind nach den Jahrgängen, und innerhalb dieser nach den Littern und der Nummerfolge zu ordnen. Liegen einem Antrage zu verschiedenen Terminen verzinsliche Schuldverschreibungen bei (z. B. $3\frac{1}{2}$- oder 3prozentige Schuldverschreibungen, theils mit Januar—Juli-, theils mit April—Oktober-Zinsen), so sind die betreffenden Schuldgattungen in dem Verzeichnisse gesondert, unter sich ebenfalls nach den Jahrgängen, Littern und der Nummerfolge geordnet aufzuführen.

8. Der Einlieferer erhält sofort nach dem Eingange einen Empfangschein über Zahl und Nennbetrag der eingelieferten Werthpapiere.

Der Schein muß von dem Rendanten und dem Oberbuchhalter des Schuldbuchbüreaus oder von deren Stellvertretern unterschrieben sein.

9. Jede Eintragung in das Reichsschuldbuch wird von einem Mitgliede der Reichsschuldenverwaltung und dem Buchführer unterschrieben.

10. Die Reichsschuldenverwaltung ist befugt, Ergänzungen der in den Gesuchen gemachten Angaben zu erfordern, sofern dies zur Klarstellung der in dem Reichsschuldbuch zu be-

wirkenden Eintragungen angezeigt erscheint. Ablehnende Bescheide sind mit Gründen zu versehen.

1) Bei den Reichsanleihen ist auch die Angabe des Jahrgangs erforderlich, da jeder Jahrgang mit Nummer 1 beginnt, während bei den Preußischen Konsols die Nummern weiterlaufen. Es kommen z. B. $3^1/_2$ vormals 4, $3^1/_2$ und 3 prozentige Reichsanleihen in Betracht; die zuerst genannte Gattung hat April—Oktober-, die zweite und dritte Gattung theils April—Oktober-, theils Januar—Juli-Zinsen.

§. 4.

Als Gläubiger können nur eingetragen werden:

1. einzelne physische Personen,
2. einzelne Handelsfirmen,
3. einzelne eingetragene Genossenschaften, einzelne eingeschriebene Hülfskassen und einzelne juristische Personen, welche im Inlande ihren Sitz haben,
4. einzelne Vermögensmassen, wie Stiftungen, Anstalten, Familienfideikommisse, deren Verwaltung von einer öffentlichen Behörde oder unter deren Aufsicht geführt wird, oder deren Verwalter ihre Verfügungsbefugniß über die Masse durch eine gerichtliche oder notarielle Urkunde nachweisen.

Einem Gläubiger wird nicht mehr als ein Konto im Reichsschuldbuche eröffnet.

Siehe den Artikel 1 hinter §. 2 a. a. O.

§. 5.

Mit der Eintragung erlöschen die Rechte des Inhabers an den eingelieferten Schuldverschreibungen.

Im Uebrigen finden die für die Tilgung und Verzinsung der Reichsanleihen geltenden Vorschriften auf die eingetragenen Forderungen entsprechende Anwendung.[1])

1) B. d. R.

„Zu den im Absatz 2 gedachten Vorschriften, betreffend die Tilgung und Verzinsung der Reichsanleihen, gehören insbesondere auch die Bestimmungen über die vierjährige Verjährungsfrist nicht erhobener Zinsen."

S. Gesetz vom 9. November 1867 (Bundes-G.Bl. S. 157), 19. Juni 1868 (Bundes-G.Bl. S. 339), 6. April 1870 (Bundes-G.Bl. S. 65) und Gesetz vom 27. Januar 1875 (R.G.Bl. S. 18).

Die späteren Anleihegesetze nehmen auf das Gesetz vom 19. Juni 1868 und §§ 2 bis 5 des Gesetzes vom 27. Januar 1875 Bezug.

S. auch Reichsgesetz wegen Verwendung überschüssiger Reichseinnahmen zur Schuldentilgung vom 31. März 1898 (R.G.Bl. S. 138).

Wegen Verjährung bezw. Erlöschungsfrist s. § 801 B.G.B. und § 21 der Reichsschuldenordnung vom 19. März 1900 (R.G.Bl. S. 129).

§. 6.

Eingetragene Forderungen können durch Zuschreibung erhöht, ganz oder theilweise auf andere Konten übertragen und ganz oder theilweise gelöscht werden.

Theilübertragungen und Theillöschungen sind

jedoch nur zulässig, sofern die Theilbeträge in Stücken von Schuldverschreibungen darstellbar sind.

Im Falle gänzlicher oder theilweiser Löschung der eingetragenen Forderung erfolgt die Ausreichung von Schuldverschreibungen zu gleichem Zinssatze und gleichem Nennwerthe, zu deren Anfertigung die Reichsschuldenverwaltung hierdurch ermächtigt wird.

Artikel 3.

(§. 6 a. a. O.)

Bei Theilübertragungen und Theillöschungen müssen sowohl die Beträge, deren Uebertragung oder Löschung beantragt wird, als auch die Restbeträge, über welche eine Verfügung nicht stattfinden soll, in Schuldverschreibungen der betreffenden Reichsanleihe darstellbar sein.

Dies gilt für jeden Posten besonders, falls es sich um Eintragungen handelt, welche aus mehreren zu verschiedenen Terminen verzinslichen Posten zusammengesetzt sind.

§. 7.

Zur Stellung von Anträgen auf Uebertragung eingetragener Forderungen auf ein anderes Konto, auf Eintragung und auf Löschung von Vermerken über Veränderungen im Schuldverhältnisse (§. 2 Absatz 3), sowie auf Ausreichung von Reichsschuldverschreibungen gegen Löschung der eingetragenen

Forderung sind nur der eingetragene Gläubiger, seine gesetzlichen Vertreter und Bevollmächtigten, sowie diejenigen Personen berechtigt, auf welche die eingetragene Forderung von Todeswegen übergegangen ist. Zur Stellung von Anträgen für eine Firma gilt für berechtigt, wer zur Zeichnung der Firma berechtigt ist; zur Stellung von Anträgen für die im §. 4 Nr. 4 gedachten Vermögensmassen die daselbst genannte Behörde oder die von derselben bezeichnete Person, beziehungsweise die gemäß §. 4 Nr. 4 zur Verfügung über die Masse befugten Verwalter.

Zur Löschung von Vermerken zu Gunsten Dritter bedarf es der Zustimmung derselben mit Ausnahme des im §. 13 gedachten Falles.

Verfügungen über eingetragene Forderungen, wie Abtretungen, Verpfändungen erlangen dem Reich gegenüber nur durch die Eintragung Wirksamkeit.

Eine Pfändung oder vorläufige Beschlagnahme der eingetragenen Forderung im Wege der Zwangsvollstreckung oder des Arrestes, sowie eine durch eine einstweilige gerichtliche Verfügung angeordnete Beschränkung des eingetragenen Gläubigers ist von Amtswegen auf dem Konto zu vermerken, beziehentlich nach erfolgter Beseitigung dieser Anordnungen zu löschen. Wird eine gepfändete Forderung an Zahlungsstatt überwiesen, so ist dieselbe vorbehaltlich der Bestimmung im §. 15 Nr. 2 im Reichsschuldbuche zu übertragen.

Eine Prüfung der Gültigkeit der den Anträgen zu Grunde liegenden Rechtsgeschäfte findet nicht statt.

Artikel 4.

(§. 7 a. a. O.)

Von den Vertretern der Handelsfirmen, der eingetragenen Genossenschaften und der eingeschriebenen Hülfskassen ist bei Stellung der im §. 7 des Gesetzes bezeichneten Anträge durch eine öffentliche Urkunde der Nachweis zu erbringen, daß die Antragsteller zur Zeichnung für die Firma beziehungsweise zur Vertretung der Genossenschaft oder Kasse legitimirt sind.

Ob die Verwalter der im §. 4 Nr. 4 a. a. O. erwähnten Vermögensmassen bei Stellung eines Antrags nach §. 7 a. a. O. von Neuem eine gerichtliche oder notarielle Urkunde, welche sie zur Verfügung über die Masse legitimirt, beizubringen haben, darüber hat in jedem einzelnen Falle die Reichsschuldenverwaltung zu entscheiden.

§. 8.

Die Eintragungen erfolgen in derselben Reihenfolge, in welcher die auf dasselbe Konto bezüglichen Anträge bei der Reichsschuldenverwaltung eingegangen sind.

§. 9.

Eine Ehefrau wird zu Anträgen ohne Zustimmung des Ehemannes zugelassen.

Die Ehefrau bedarf der Zustimmung des Ehemannes, wenn ein Vermerk zu dessen Gunsten eingetragen ist. Ein solcher Vermerk ist einzutragen, wenn die Ehefrau oder mit ihrer Zustimmung der Ehemann die Eintragung beantragt. Die Ehefrau ist dem Ehemanne gegenüber zur Ertheilung der Zustimmung verpflichtet, wenn sie nach dem unter ihnen bestehenden Güterstande über die Buchforderung nur mit Zustimmung des Ehemannes verfügen kann.[1])

1) S. Artikel 50 des E.G. zum B.G.B.

§. 10.

Zum Antrage auf Eintragung einer Forderung sowie auf gleichzeitigen Vermerk einer Beschränkung des Gläubigers in Bezug auf Kapital oder Zinsen derselben und zur gleichzeitigen Ertheilung einer Vollmacht genügt schriftliche Form.

In allen anderen Fällen muß der Antrag gerichtlich oder notariell, oder von einem Konsul des Reichs aufgenommen oder beglaubigt sein. Bei der Beglaubigung bedarf es weder der Zuziehung von Zeugen noch der Aufnahme eines Protokolls.[1])

Sind seit der Eintragung Aenderungen in der Person des Gläubigers (Verheirathung einer Frau, Aenderung des Gewerbes, Standes, Namens, Wohnortes) eingetreten, so kann verlangt werden, daß die Identität durch eine öffentliche Urkunde dargethan werde.

1) B. d. R.

„Die vereinfachende Bestimmung, daß es bei der Beglaubigung weder der Zuziehung von Zeugen noch der Aufnahme eines Protokolls bedarf, schließt sich inhaltlich an § 76 Abs. 2 der C.P.O. an. (S. jetzt § 80 a. a. O.)"

S. jetzt § 168 ff. und § 183 des Reichsgesetzes über die Angelegenheiten ꝛc. vom 17. Mai 1898.

§. 11.[1])

Rechtsnachfolger von Todeswegen haben sich, sofern ihre Berechtigung auf der gesetzlichen Erbfolge beruht, durch eine Bescheinigung als Erben, sofern dieselbe auf letztwilliger Verfügung beruht, durch eine Bescheinigung darüber auszuweisen, daß sie über die eingetragene Forderung zu verfügen befugt sind.

Zur Ausstellung dieser Bescheinigungen ist das Nachlaßgericht und, falls der Erblasser zur Zeit des Erbfalls im Inlande weder Wohnsitz noch Aufenthalt hatte, auch derjenige Konsul des Reichs zuständig, in dessen Amtsbezirke der Erblasser zur Zeit des Erbfalls seinen Wohnsitz oder seinen gewöhnlichen Aufenthalt hatte, sofern dem Konsul von dem Reichskanzler die Ermächtigung zur Ausstellung solcher Bescheinigungen ertheilt ist.[2])

Unberührt bleiben die landesgesetzlichen Vorschriften, nach welchen zur Ausstellung der Bescheinigungen statt der Gerichte andere Behörden oder Notare zuständig sind. Die Zuständigkeit ist von dem im Absatz 2 bezeichneten Gericht auf der Bescheinigung zu bestätigen.[3])

1) Der § 11 des Gesetzes vom 20. Juli 1883, nach welchem der Antrag eines Taubstummen, Blinden, Schreibunkundigen oder einer der Deutschen Sprache nicht mächtigen

Person zu seiner Gültigkeit der für die Verträge solcher Personen vorgeschriebenen Form bedarf, ist weggelassen worden und zwar mit Recht, da, wie es in der Begründung heißt, die Reichsschuldenverwaltung bei Eingang eines rechtsmäßig vollzogenen bezw. eines gerichtlich oder notariell beglaubigten Antrags der Regel nach sich nicht in der Lage befindet, zu beurtheilen, ob der Antragsteller zu den hier in Betracht kommenden Personenklassen gehört.

2) S. § 188 des Reichsgesetzes über die Angelegenheiten 2c. vom 17. Mai 1898. Ebenso Art. 16 II des Pr. A.G. zum B.G.B.

3) Dasselbe bestimmt Art. 147 des E.G. zum B.G.B.

§. 12.

Mehrere Erben haben zur Stellung von Anträgen und zur Empfangnahme von Schuldverschreibungen eine einzelne Person zum Bevollmächtigten zu bestellen.

§. 13.

Vollmachten, sowie die Genehmigungserklärungen dritter Personen, zu deren Gunsten der eingetragene Gläubiger in Bezug auf die Forderung oder deren Zinserträgnisse durch einen Vermerk im Reichsschuldbuche beschränkt ist, bedürfen zu ihrer Gültigkeit derselben Form, welche für die Anträge vorgeschrieben ist. Zum Widerruf einer Vollmacht genügt schriftliche Form.

Zur Löschung von persönlichen unvererblichen Einschränkungen des Gläubigerrechts oder des Verfügungsrechts, welche durch den Tod des Berechtigten erloschen sind, ist nur die Beibringung der Sterbeurkunde erforderlich, das Recht auf den Bezug rückständiger Leistungen wird hierdurch nicht berührt.

Anträge[1]) öffentlicher Behörden bedürfen, wenn sie ordnungsmäßig unterschrieben und untersiegelt sind, keiner Beglaubigung.

1) Im Abs. 3 sind die Worte „und Urkunden" des Abs. 3 des § 14 des Preußischen Gesetzes fortgelassen. In der Begründung ist Bezug genommen auf das Reichsgesetz, betreffend die Beglaubigung öffentlicher Urkunden, vom 1. Mai 1878 (R.G.Bl. S. 89).

§. 14.

Ueber die Eintragung von Forderungen und Vermerken sowie über die verfügte Auslieferung von Schuldverschreibungen an Stelle zur Löschung gelangter Forderungen wird dem Antragsteller und, falls der Berechtigte ein Anderer ist, auch diesem eine Benachrichtigung ertheilt.

Die Benachrichtigung gilt nicht als eine über die Forderung ausgestellte Verschreibung.

Artikel 5.

(§. 14 a. a. O.)

1. Auf jedes Benachrichtigungsschreiben über Eintragung einer Buchforderung ist in einer besonders in die Augen fallenden Form der Vermerk zu setzen:

   Dies Schriftstück gilt nicht als eine über die Forderung ausgestellte Verschreibung.

2. Die Auslieferung von Schuldverschreibungen u. s. w. an Stelle zur Löschung gelangter

Forderungen geschieht an den dazu von der Reichsschuldenverwaltung legitimirt befundenen Berechtigten

durch die Preußische Kontrolle der Staatspapiere in Berlin,

oder durch eine mit Kasseneinrichtung versehene Zweiganstalt der Reichsbank,

oder durch eine von der betreffenden Landesregierung für diesen Zweck zur Verfügung gestellte Landeskasse

nach Prüfung der Identität des Berechtigten gegen Quittung.

Hat der Berechtigte die Zusendung durch die Post innerhalb des Deutschen Reichs in der Form des §. 10 Absatz 2 des Gesetzes beantragt, so ist die Reichsschuldenverwaltung ermächtigt, diesem Antrage zu entsprechen. Die Sendung geschieht alsdann auf Gefahr und Kosten des Berechtigten. Der Posteinlieferungsschein dient bis zum Eingang der Quittung als Rechnungsbelag.

3. Die Mittheilung der in Gemäßheit des §. 14 daselbst zu erlassenden Benachrichtigungsschreiben geschieht mittels verschlossener Briefe durch die Post, und sofern es besonders beantragt wird, mit der Bezeichnung „Einschreiben".

4. Postsendungen, welchen Inhaberpapiere beiliegen, sind nach ihrem vollen Nennwerth zu

deklariren, außer wenn ein Anderes in der Form des §. 10 Absatz 2 des Gesetzes beantragt wird.

5. Wegen der Zinssendungen kommen §. 18 des Gesetzes und der nachstehende Artikel 7 zur Anwendung.

§. 15.

Von Amtswegen kann die Löschung eingetragener Forderungen und die Hinterlegung der dagegen auszuliefernden Schuldverschreibungen bei der Hinterlegungsstelle in Berlin auf Kosten des Gläubigers erfolgen:

1. wenn die Eintragung von Verpfändungen oder sonstigen Verfügungsbeschränkungen beantragt wird;
2. wenn die Forderung ganz oder theilweise im Wege der Zwangsvollstreckung oder des Arrestes gepfändet oder wenn eine einstweilige gerichtliche Verfügung über dieselbe getroffen ist;
3. wenn über das Vermögen des eingetragenen Gläubigers der Konkurs eröffnet worden ist;
4. wenn die Zinsen des eingetragenen Kapitals zehn Jahre hintereinander nicht abgehoben worden sind;
5. wenn glaubhaft bekannt geworden ist, daß der Gläubiger vor länger als zehn Jahren verstorben ist und ein Rechtsnachfolger sich nicht legitimirt hat;

6. wenn sonst ein gesetzlicher Grund zur Hinterlegung gegeben ist.[1])

Die hinterlegten Schuldverschreibungen treten in allen rechtlichen Beziehungen an die Stelle der gelöschten Forderung.

Artikel 6.

(§. 15 a. a. O.)

Bei der Hinterlegung von Schuldverschreibungen sind der Hinterlegungsstelle Abschrift des Kontos, und falls die ganze Forderung hinterlegt wird, die auf das gelöschte Konto bezüglichen Akten mitzutheilen.

Die Betheiligten sind von dem Verfügten gleichzeitig zu benachrichtigen.

1) Das Preußische Gesetz enthält zwar die Nr. 6 nicht, die hier der Schuldenverwaltung ertheilte Befugniß folgt aber unmittelbar aus dem Gesetz, s. Anm. 5 zu § 16 des Gesetzes vom 20. Juli 1883.

§. 16.

Im Falle der Kündigung einer der Reichsanleihen sind die mit ihrer Forderung zu dem Zinssatze der gekündigten Anleihe eingetragenen Gläubiger schriftlich zu benachrichtigen. Die Wirksamkeit der Kündigung ist jedoch von dieser Benachrichtigung nicht abhängig.

§. 17.

Die Zahlung der Zinsen einer eingetragenen Forderung erfolgt, sofern nicht die Voraussetzungen des §. 7 Absatz 4 vorliegen,[1]) mit rechtlicher Wirkung an denjenigen, welcher am zehnten

Tage des dem Fälligkeitstermine der Zinsen vorangehenden Monats eingetragener Berechtigter war.

1) Die hervorgehobenen Worte fehlen zwar in dem Preußischen Gesetze, die Einschränkung ist aber ausdrücklich in der V. d. R. anerkannt, s. Anm. 1 zu § 18 a. a. O.

§. 18.

Die Zinsen werden nur im Inlande gezahlt, und zwar in der Zeit vom vierzehnten Tage vor bis zum achten Tage nach dem Fälligkeitstermine durch eine Reichs- oder Landeskasse, oder durch die Reichsbank, oder auf Gefahr und Kosten des Berechtigten mittelst Uebersendung durch die Post. Die Bestimmung der Landeskassen erfolgt durch den Reichskanzler im Einvernehmen mit der Landesregierung oder durch den Bundesrath.

Kommt die Sendung als unbestellbar zurück, so unterbleiben weitere Sendungen, bis der Gläubiger die richtige Adresse angezeigt hat.

Artikel 7.

(§§. 17 und 18 a. a. O.)

1. Die Berichtigung der Zinsen kann erfolgen:
   a) durch die Preußische Staatsschulden-Tilgungskasse in Berlin mittels Baarzahlung oder, wenn dem Empfangsberechtigten ein Girokonto bei der Reichsbank eröffnet ist, durch Gutschrift auf dessen Konto;
   b) durch die Reichsbankhauptkasse, sämmtliche Reichsbankhauptstellen, die Reichsbank-

stellen, die mit Kasseneinrichtung versehenen Nebenstellen und die Reichsbankkommandite in Insterburg;[1])

c) an Orten, an welchen sich keine der unter b bezeichneten Reichsbankanstalten befindet,[2]) durch die in der Anlage IV bezeichneten Landeskassen,

Anlage IV.

zu b und c mittels Baarzahlung;

d) mittels Uebersendung durch die Post im Inlande.

2. Die Reichsschuldenverwaltung bestimmt, auf welchem Wege die Zahlung erfolgen soll, und berücksichtigt dabei thunlichst die Wünsche der Gläubiger. Anträge auf eine Aenderung des bisherigen Zahlungsweges können für den nächsten Fälligkeitstermin nur Berücksichtigung finden, wenn sie bis zum ersten Tage des Monats vor diesem Termin bei der Reichsschuldenverwaltung eingehen.

3. Die Baarzahlung durch eine öffentliche Kasse, Reichsbankhauptstelle oder Reichsbankstelle (zu 1 a bis c) erfolgt gegen Quittung. Bei Prüfung der Legitimation und Identität des Empfängers sind die Zahlstellen verpflichtet, nach Maßgabe der allgemeinen Vorschriften gewissenhaft zu verfahren.

4. Wird die Baarzahlung bei der bestimmten Zahlstelle bis zum Ablauf des mit dem Fälligkeitstermin beginnenden Kalenderquartals

nicht erhoben, so wird der Empfangsberechtigte mit dem Betrage bei der Preußischen Staatsschulden-Tilgungskasse auf eine Restliste gesetzt, und die Zahlung kann alsdann erst erfolgen, sobald ein Antrag von dem Berechtigten an die Preußische Staatsschulden-Tilgungskasse direkt gerichtet wird.

1) Jetzt selbstständige Reichsbankstelle.

2) An einem Orte, an dem sich eine Reichsbankanstalt befindet, ist keine Landeskasse mit der Zahlung von Reichsschuldbuchzinsen betraut. Befindet sich aber an einem Ort eine Reichsbankanstalt und eine mit Zahlung von Staatsschuldbuchzinsen betraute Kasse, so hat der Staatsschuldbuchgläubiger zwischen beiden Zahlstellen die Wahl, da alle mit Kasseneinrichtung versehenen Reichsbankanstalten jetzt Staatsschuldbuchzinsen zahlen. S. Anm. 5 zu Art. 7 der A. d. F. zu § 19 des Pr. Gesetzes vom 20. Juli 1883.

§. 19.

Aenderungen in der Person oder der Wohnung des Zinsenempfängers (§. 10 Absatz 3) werden nur berücksichtigt, wenn sie von demselben schriftlich gemeldet werden.

Artikel 8.

(§. 19 a. a. O.)

Aenderungen in der Person oder der Wohnung des Zinsenempfängers können für den nächsten Fälligkeitstermin nur berücksichtigt werden, wenn die schriftliche Meldung darüber bis zum ersten Tage des diesem Termin voraufgehenden Monats bei der Reichsschuldenverwaltung eingeht.

§. 20.

An Gebühren werden erhoben:

1. für die Umwandlung von Reichsschuldverschreibungen in Buchschulden des Reichs, sowie für sonstige Eintragungen und Löschungen, jede Einschrift in das Reichsschuldbuch besonders gerechnet, 25 Pfennig von je angefangenen 1000 Mark des Betrages über den verfügt wird, zusammen mindestens 1 Mark;
2. für die Ausreichung von Reichsschuldverschreibungen für je angefangene 1000 Mark Kapitalbetrag 50 Pfennig, zusammen mindestens 1 Mark.

Vermerke über Bevollmächtigungen, sowie über Aenderungen in der Person oder der Wohnung des eingetragenen Berechtigten (§. 10 Absatz 3) sind gebührenfrei.

Die Gebühren werden von dem Antragsteller, soweit nöthig, nach den für die Beitreibung öffentlicher Abgaben bestehenden Vorschriften eingezogen. Auch kann die Vorausbezahlung der Gebühren gefordert werden.

Für die gerichtliche oder notarielle Beglaubigung der Anträge (§. 10 Absatz 2) dürfen an Gebühren nicht mehr als höchstens

1 Mark 50 Pfennig bei Beträgen bis 2000 Mark,
3 Mark bei Beträgen über 2000 Mark

erhoben werden.[1])

1) Der letzte Absatz ist etwas anders gefaßt als im Preußischen Gesetze, stimmt aber inhaltlich mit ihm überein.

§. 21.

Anträge auf Eintragung oder Löschung von Forderungen und Vermerken, welche in dem dem Fälligkeitstermine der Zinsen voraufgehenden Monate eingereicht werden, sind erst nach Ablauf desselben zu erledigen.

§. 22.

Die Reichsschuldenverwaltung ist unbedingt verantwortlich:

1. dafür, daß die im Reichsschuldbuche eingetragenen Forderungen und die noch umlaufenden, mit ihnen zu gleichem Satze verzinslichen Schuldverschreibungen zusammen den gesetzlich festgestellten Betrag der betreffenden Anleihe nicht überschreiten;
2. für die Löschung, Kassation und Aufbewahrung der behufs Eintragung der Forderung eingelieferten Reichsschuldverschreibungen bis zur gänzlichen Vernichtung derselben.

Die Reichsschuldenkommission übt die fortlaufende Kontrolle über diese Geschäfte.

§. 23.

Soweit nach gesetzlicher Bestimmung zur zinsbaren Anlage von Mündelgeldern, Schuldverschreibungen der Reichsanleihen geeignet sind, gilt dasselbe von den im Reichsschuldbuche eingetragenen Forderungen.

Soweit Reichsschuldverschreibungen eines Mündels zu hinterlegen oder außer Kurs zu setzen sind, kann das Vormundschaftsgericht anordnen, daß an Stelle der Hinterlegung oder Außerkurssetzung die Umwandlung in Buchschulden des Reichs mit einem die Verfügung über die einzutragende Forderung an die Genehmigung des Vormundschaftsgerichts knüpfenden Vermerke im Reichsschuldbuche beantragt werde.[1])

1) Die Bestimmungen dieses Paragraphen, dessen analoger Paragraph im Preußischen Gesetz (§ 24) durch Art. 16 III des Pr. A.G. zum B.G.B. gestrichen ist, sind ersetzt durch § 1667 Abs. 2, §§ 1815, 1816, 1853, 1903 und 1904 B.G.B.

§. 24.

Der Zeitpunkt, mit welchem das gegenwärtige Gesetz in Kraft tritt, wird durch Kaiserliche Verordnung mit Zustimmung des Bundesraths bestimmt.[1])

1) Die Verordnung ist am 24. Januar 1892 ergangen (R.G.Bl. S. 303) und hat den Zeitpunkt auf den 1. April 1892 festgesetzt.

Urkundlich unter Unserer Höchsteigenhändigen Unterschrift und beigedrucktem Kaiserlichen Insiegel.

Gegeben Kiel Schloß, den 31. Mai 1891.

(L. S.) **Wilhelm.**

von Caprivi.

Anlage I bis III

stimmt genau mit Anlage I bis III zum Staatsschuldbuch überein, nur daß bei Anlage III (Nummerverzeichniß) noch eine Kolonne: „Anleihe vom Jahre" eingefügt ist, s. Anm. 1 zu Art. 2 Nr. 7.

Anlage IV.
(Reich.)

Verzeichniß

derjenigen Landeskassen, durch welche an Orten, an denen sich keine mit Kasseneinrichtung versehene Bankanstalt befindet, die Berichtigung der Buchschuldzinsen erfolgen kann.

---

1. Preußen:
   Die Regierungshauptkassen und die außerhalb Berlins mit der Annahme direkter Staatssteuern betrauten Königlichen Kassen.
2. Bayern:
   Die Königlichen Rentämter.
3. Sachsen:
   Die Königlichen Bezirkssteuereinnahmen.
4. Württemberg:
   Die Königlichen Kameralämter.
5. Baden:
   Die Großherzoglichen Bezirkssteuerkassen.
6. Hessen:
   Die mit der Annahme direkter Staatssteuern betrauten Großherzoglichen Distrikteinnehmereien und Steuerämter.
7. Mecklenburg-Schwerin:
   Die Großherzogliche Renterei in Schwerin.
8. Sachsen-Weimar:
   Die Großherzoglichen Rechnungsämter.

9. Oldenburg:
   a) für den Bezirk der Stadt und des Amts Oldenburg die Großherzogliche Hauptkassenverwaltung in Oldenburg;
   b) für den übrigen Theil des Herzogthums Oldenburg die betreffenden Amtsrezepturen;
   c) für das Fürstenthum Lübeck die Landeskasse in Eutin und die Amtskasse in Schwartau;
   d) für das Fürstenthum Birkenfeld die Landeskasse in Birkenfeld und die Amtskasse in Oberstein.

10. Braunschweig:
    Die Herzoglichen Kreiskassen in Wolfenbüttel, Gandersheim und Blankenburg a. H., sowie die Herzogliche Amtskasse in Thedinghausen.

11. Sachsen-Meiningen:
    Die Herzogliche Hauptkasse in Meiningen, sowie die Herzoglichen Amtseinnahmen in Salzungen, Hildburghausen, Sonneberg und Saalfeld.

12. Sachsen-Altenburg:
    Die Herzoglichen Steuer- und Rentämter in Schmölln, Ronneburg, Eisenberg, Roda und Kahla.

13. Sachsen-Coburg und Gotha:
    Die Herzogliche Staatskasse in Coburg.

14. Anhalt:
    Die Herzoglichen Kreiskassen in Zerbst und Ballenstedt.

15. Schwarzburg-Sondershausen:
    Die Fürstliche Staatshauptkasse in Sondershausen und die Fürstliche Bezirkskasse in Arnstadt.

16. Schwarzburg-Rudolstadt:
    Die Fürstliche Hauptlandeskasse in Rudolstadt, die Fürstliche Rent- und Steuerämter in Königsee und Frankenhausen und die Fürstlichen Steuerämter in Stadtilm und Leutenberg.

17. Waldeck:
Die Waldeckische Staatskasse in Arolsen.
18. Schaumburg-Lippe:
Die Fürstliche Landeskasse in Bückeburg.
19. Lippe:
Die Fürstlichen Steuerkassen in Lemgo, Schötmar, Blomberg und Stift Cappel sowie die Landessparkasse in Detmold.
20. Bremen:
Die Bremischen Steuerämter in Vegesack und Bremerhaven.
21. Elsaß-Lothringen:
Die Steuerkassen, und zwar in den Orten, in welchen sich mehrere Steuerkassen befinden, die Steuerkasse I.

Sachregister.

Die größer gedruckten Zahlen bezeichnen die Seiten, die kleiner gedruckten die Anmerkungen.

A.

Abtretung (s. auch Cession) 39.

Anstalten 30. 31. 33_2.

Antrag 25. 26. 38. 48_{11}. 49. 50_1. 52. 53_3. 54. 66. 67. 77. 84.

Arrest 39. 73.

Aufenthalt 55.

Außerkurssetzung 21. 24_5. 86_1.

B.

Befreite Vormundschaft 42_3.

Beglaubigung der Anträge 52. 67. 81. 83_2.

Begründung der Regierungsvorlage (allgemeiner Theil) 126 ff.

Behörde (öffentliche) 20. 27. 30. 31. 33_2 46_6. 67.

Benachrichtigung 69 ff.

Bericht der XVIII. Kommission des H. d. A. (allgem. Theil) 138 ff.

Berichtigung der Zinsen 77. 193.

Berufsgenossenschaften 68_4.

Beschränkung (des Gläubigers) 26. 39. 52. 66. 67. 73. 74_3.

Bevollmächtigter 20. 26. 38. 40_1 a. $53_{3.4}$.

Blinde 54. 187_1.

C.

Cedent, Cessionar, Cession (s. auch Abtretung) 41_1 b.

D.

Darstellbarkeit 37. 38_2.

E.

Ehefrau / **Ehemann** } 49. 50_1. 185 ff.

Eingeschriebene Hülfskassen 27. 29. 29_1. 30. 32_1 b. 39 ff. 49_{12}.

Eingetragene Genossenschaften 27. 29. 29_4. 30. 32_1b. 39. 49_{12}.

Einstweilige Verfügung 39. 41_1a. 73.

Empfangschein 28.

Entmündigung 26.

Erben (s. auch Rechtsnachfolger von Todeswegen) 40_1a. 54. 56_1. 66. 74_1.

Erblasser 55.

Erneuerungsschein s. Zinserneuerungsschein.

F.

Familienfideikommisse 30. 31. 33_2.

Firma s. Handelsfirma.

G.

Gebühren 81 ff. 196.

Gegenvormund 42_3.

Gemeindekirchenrath 68_4.

Geschäftsanweisung 12.

Gesetzlicher Vertreter 20. 26. 38. 40_1a. 42_3d. e. 53_3. 74_1.

H.

Handelsfirma 27. 29. 30. 32_1b. 38. 39. 45_5.

Handelsregister 27.

Hauptverwaltung der Staatsschulden 19. 27. 28. 37. 40. 41_1a. 69. 70. 77. 80. 85.

Hinterlegung 72 ff.

J.

Inhaber 25.

Juristische Person 27. 29 30. 32.

K.

Kirchengemeinde, **Kirchenrath**, **Kirchenvorstand** 68.

Konkurs 73.

Konkursverwalter 24_1. 42_2d. 74_1.

Konsolidirte Anleihe 11. 17 ff. 34. 35_2. 85. 86_1.

Konsul 52. 55. 59_4a.

Kündigung 38_1. 75.

L.

Legitimation der Rechtsnachfolger von Todeswegen 57_4.

Letztwillige Verfügung 54.

Löschung (s. auch Rückumwandlung) 38. 69. 72. 81. 84_2. 85. 94.

M.

Mündelgelder 36_2c.

N.

Nachlaßgericht 55 ff.

Nachlaßkonkursverwalter, 24_1. 43_3e.

Nachlaßpfleger 24_1. 43_3e.

Namenobligation 9. 14. 15. 52_1. 55_1.

Nießbrauch, Nießbraucher 24_4. 45_4. 48_{11}. 50_1.

O.

Oeffentliche Behörde s. Behörde.

Oeffentliche Urkunde s. Urkunde.

P.

Pfändung 39. 40_1a.

Pfandgläubiger 24_1.

Pfleger 42_3b. c.

Physische Person 29.

Presbyterium 68_4.

R.

Rechtsgeschäft 39. 48_{11}.

Rechtsnachfolger von Todeswegen (s. auch Erben) 20. 53_3. 54. 57_2.

Reichsanleihe, Reichsschuldverschreibung 172. 174. 179 ff.

Rückumwandlung, Umwandlung (s. auch Löschung) 13. 81. 94.

S.

Schuldurkunde 12.

Sparkassen 68_4.

Stiftungen 30. 31. 33_2.

T.

Taubstumme 54. 187_1.

Testamentsvollstrecker 24_1. 33_2. 34_2. 44_3g.

Titres mixtes 14. 15.

U.

Ueberweisung an Zahlungsstatt 39. 40_1a. 47_{10}.

Urkunde 40. 67. 71_1. 189_1.

V.

Veränderungen im Schuldverhältnisse 20. 38.

Verantwortlichkeit der Hauptverwaltung der Staatsschulden 85 ff.

Verjährung (s. auch Vorlegungsfrist) 36. 182_1.

Vermächtnißnehmer 57_2.

Vermögensmassen 30. 31. 32_1b. 33_2. 39. 40. 46_6.
Verpfändung 39. 47_9. 73.
Verschreibung 69. 71_1.
Verwalter 30. 31. 33_2. 39. 46_7.
Verwaltungszwangsverfahren 41_1a. 81.
Verzeichniß 27. 96. 198.
Verzeichniß der Landeskassen, durch welche die Berichtigung der Reichsschuldbuchzinsen erfolgen kann 199.
Volkswirthschaftsrath 10. 98ff.
Vollmacht 29_3. 53_4. 56_1. 66. 67. 67_1. 68_2.
Vorläufige Beschlagnahme 39. 40_1a.
Vorlegungsfrist (s. auch Verjährung) 36_2b. 182_1.
Vormund 26. 42_3a. c.
Vormundschaftsgericht 42_3a. b. 87_1.

W.

Wiederinkurssetzung (s. auch Außerkurssetzung) 21. 24_5a.
Wohnort, Wohnsitz 26. 27. 55.
Wohnung 26.

Z.

Zinsen (s. auch Berichtigung d. Z., Verjährung, Vorlegungsfrist) 12. 22. 25_5c. 52. 55_1. 68_2. 73. 75. 76ff.
Zinsenempfänger 68_2. 80.
Zinsennachweisung 25_5c. 80_3. 84_2.
Zinserneuerungsschein (Talon, Zinsscheinanweisung) 13. 22. 35_1b.
Zinsschein 12. 13. 22. 35_1b. 55_1.
Zwangsvollstreckung 39. 41_1a. 73. 76_1.

Herrosé & Ziemsen, Wittenberg.

Verzeichniß
der
Guttentag'schen Sammlung
Deutscher Reichsgesetze
und
Preußischer Gesetze.

Text-Ausgaben mit Anmerkungen
und Sachregister.

Taschenformat.

Berlin.
J. Guttentag, Verlagsbuchhandlung,
G. m. b. H.

Guttentag'sche Sammlung

Deutscher Reichsgesetze.

Text-Ausgaben mit Anmerkungen. Taschenformat.

---

1. **Verfassung** des Deutschen Reichs. Gegeben Berlin, den 16. April 1871. Von Dr. **L. von Rönne** Achte neubearbeitete Auflage von **Paul von Rönne,** Landrath. 1 M. 60 Pf.

2. **Strafgesetzbuch** für das Deutsche Reich. Nebst den gebräuchlichsten Reichs-Strafgesetzen: Presse, Personenstand, Nahrungsmittel, Entziehung elektrischer Arbeit, Kranken-, Unfall-, Invalidenversicherung, Gewerbeordnung, unlauterer Wettbewerb, Depot- und Börsengesetz u. s. w. Von Dr. **H. Rüdorff.** Zwanzigste Auflage von Dr. **H. Appelius,** Kammergerichtsrath. Gebunden in ganz Leinen 1 M. 20 Pf.

3. **Militärstrafgerichtsordnung** nebst Einführungsgesetz und Gesetz, betr. die Dienstvergehen der richterlichen Militärjustizbeamten und die unfreiwillige Versetzung derselben in eine andere Stelle oder in den Ruhestand. Von Dr. **P. Herz,** Geh. Admiralitätsrath. Zweite Auflage. Geb. in ganz Leinen 3 M

Militär-Strafgesetzbuch nebst Abdruck der entsprechenden Bestimmungen des Reichs-Strafgesetzbuchs. Text-Ausgabe mit Sachregister. Geb. in ganz Leinen 1 M.

4. **Handelsgesetzbuch vom 10. Mai 1897 unter Ausschluß des Seerechts.** Mit den ergänzenden Vorschriften des Bürgerlichen Gesetzbuchs und Erläuterungen herausgegeben von **F. Litthauer**, Justizrath. Zwölfte Auflage. Geb. in ganz Leinen 2 M. 80 Pf.

5. **Allgemeine Deutsche Wechselordnung.** Achte Auflage von Justizrath Dr. **J. Stranz** und Rechtsanwalt Dr. **M. Stranz**, und das Reichsgesetz über die **Wechselstempelsteuer.** Siebente Auflage von Regierungsrath **P. Loeck.** Geb. in ganz Leinen 3 Mk.

6. **Gewerbeordnung** für das Deutsche Reich in der Fassung der Bekanntmachung vom 26. Juli 1900 nebst Ausführungsbestimmungen. Ursprünglich herausgegeben von Regierungsrath **T. Ph. Berger** und Geh. Ober-Regierungsrath Dr. **L. Wilhelmi.** Sechszehnte vermehrte Auflage bearbeitet von Oberverwaltungsgerichtsrath **H. Spangenberg.** Im Druck.

7. **Die deutsche Post- und Telegraphen-Gesetzgebung.** Nebst dem Weltpostvertrag und dem internationalen Telegraphenvertrag. Von Wirklichen Geheimen Rath Dr. **P. D. Fischer.** Fünfte Auflage bearbeitet von Geh. Postrath Dr. **M. König.** In Leinen gebunden 3 M.

8. **Die Reichsgesetze über den Unterstützungswohnsitz** in der Fassung der Novelle vom 12. März 1894, die **Freizügigkeit**, den **Erwerb** und **Verlust** der

Bundes- und Staatsangehörigkeit, nebst allen landesgesetzlichen Bestimmungen. Von Geheimrath Dr. J. **Krech,** Mitglied des Bundesamtes für das Heimathwesen. Fünfte Auflage. 2 M. 70 Pf.

9a. Sammlung **kleinerer privatrechtlicher Reichsgesetze.** Von F. **Vierhaus,** Geh. Ober-Justizrath. Zweite Auflage in Vorbereitung.

9b. Sammlung **kleinerer strafrechtlicher Reichsgesetze.** Von M. **Werner,** Geh. Ober-Regierungsrath. Zweite Auflage in Vorbereitung.

10. Das **Reichsbeamtengesetz** vom 31. März 1873 und seine Ergänzungen. Erläutert von J. **Pieper,** Geh. Ober-Regierungsrath. Zweite Auflage. Geb. in ganz Leinen. 4 M. 50 Pf.

11. **Civilprozeßordnung** mit **Gerichtsverfassungsgesetz,** Einführungsgesetzen und Ergänzungen. In der Fassung des Gesetzes vom 17. Mai 1898. Unter besonderer Berücksichtigung der Entscheidungen des Reichsgerichts herausgegeben mit Anmerkungen von R. **Sydow,** Unterstaatssekretair und L. **Busch,** Kammergerichtsrath Neunte Auflage. 8°. Geb. in ganz Leinen 5 M.

Dieser Band ist in größerem Format erschienen!

12. **Strafprozeßordnung und Gerichtsverfassungsgesetz** in der vom 1. Januar 1900 ab geltenden Fassung, **nebst dem Gesetz, betreffend die Entschädigung der im Wiederaufnahmeverfahren freigesprochenen Personen.** Von **A. Hellweg**, Reichsgerichtsrath. Elfte Auflage. Geb. in ganz Leinen 2 M.

13. **Konkursordnung und Anfechtungsgesetz.** Unter besonderer Berücksichtigung der Entscheidungen des Reichsgerichts herausgegeben mit Anmerkungen von **R. Sydow**, Unterstaatssekretär u. **L. Busch**, Kammergerichtsrath. Neunte Auflage. Geb. in ganz Leinen. 2 M. 25 Pf.

14. **Gerichtsverfassungsgesetz** mit Einführungsgesetz, Nebengesetzen und Ergänzungen. In der Fassung des Gesetzes vom 17. Mai 1898. Unter Berücksichtigung der Entscheidungen des Reichsgerichts herausgegeben von **R. Sydow**, Unterstaatssekretair und **L. Busch**, Kammergerichtsrath. Achte Auflage. 1 M. 20 Pf.

15. **Das deutsche Gerichtskostengesetz nebst den Gebührenordnungen für Gerichtsvollzieher, Zeugen und Sachverständige.** In der Fassung vom 20. Mai 1898. Unter besonderer Berücksichtigung der Entscheidungen des Reichsgerichtes herausgegeben mit Anmerkungen

und Kostentabellen von **R. Sydow,** Unterstaatssekretair und **L. Busch,** Kammergerichtsrath. Sechste vermehrte Auflage. Geb. in ganz Leinen 1 M. 50 Pf.

16. **Rechtsanwaltsordnung.** Von **R. Sydow,** Unterstaatssekretair. Vierte Auflage von Dr. **E. Mosler,** Gerichtsassessor. Geb. in ganz Leinen 1 M. 20 Pf.

17. Die **Deutsche Gebührenordnung für Rechtsanwälte und das Preußische Gebührengesetz** vom 27. September/6. Oktober 1899. Von **R. Sydow,** Unterstaatssekretair und **L. Busch,** Kammergerichtsrath. Sechste Auflage. Geb. in ganz Leinen 1 M. 50 Pf.

18. **Reichsstempelgesetz (Börsensteuergesetz)** v. 14. Juni 1900, mit den Ausführungsbestimmungen, einem Auszug aus den Gesetzes-Materialien und den Entscheidungen der Verwaltungsbehörden und des Reichsgerichts. Achte Auflage von **P. Loeck,** Regierungsrath. Geb. in ganz Leinen 3 M. 30 Pf.

19. Die **Seegesetzgebung** des Deutschen Reiches. Nebst den Entscheidungen des Reichsoberhandelsgerichts, des Reichsgerichts und der Seeämter. Von Dr. **W. E. Knitschky,** Landgerichtsrath. Zweite Auflage. 3 M. 80 Pf.

20. **Krankenversicherungsgesetz** in der Fassung der Novelle vom 10. April 1892. Von Dr. **E. von Woedtke,** Präsident des Kaiserl. Aufsichtsamts für Privatversicherung. Neunte Auflage. Geb. in ganz Leinen. 2 M. 25 Pf.

21. Die **Konsulargesetzgebung** des Deutschen Reiches. Von Geh. Justizrath Professor Dr. **Ph. Zorn.** Zweite Auflage. Geb. in ganz Leinen 3 M.

22a. **Patentgesetz. Gesetz, betreffend den Schutz von Gebrauchsmustern. Gesetz, betreffend das Urheberrecht an Mustern und Modellen.** Nebst Ausführungsbestimmungen unter eingehender Berücksichtigung der Rechtsprechung des Reichsgerichts und der Praxis des Patentamts. Erläutert von Dr. **R. Stephan,** Geheimer Regierungsrath, Mitglied des Kaiserlichen Patentamts Fünfte vermehrte Auflage. Geb. in ganz Leinen 2 M.

22b. **Gesetz zum Schutz der Waarenbezeichnungen.** Nebst Ausführungsbestimmungen. Von Dr. **R. Stephan,** Geheimer Regierungsrath, Mitglied des Kaiserlichen Patentamts. Vierte vermehrte Auflage. 1 M.

23. **Gewerbe-Unfallversicherungsgesetz** und **Gesetz,** betr. die Abänderung der Unfallversicherungsgesetze vom 30. Juni 1900 in der Fassung der Bekanntmachung vom 5. Juli 1900 nebst Ausführungsverordnungen. Von Dr. **E. v. Woedtke,** Direktor im Reichsamt des Innern. Siebente umgearbeitete Auflage. Geb. in ganz Leinen 2 M. 50 Pf.

24. **Aktiengesellschaft und Kommanditgesellschaften auf Aktien.** (Handelsgesetzbuch, II. Buch, Abschnitt 3 und 4.) Mit erläuternden Anmerkungen von **H. Keyssner,** Kammergerichtsrath und Dr. **H. Veit Simon,** Rechtsanwalt. Fünfte Auflage. Bearbeitet von Dr. **Hugo Keyssner** u. **L. Keyssner.** Geb. in ganz Leinen 2 M. 25 Pf.

25. **Reichsgesetz wegen Erhebung der Brausteuer** vom 31. Mai 1872 mit Ausführungsvorschriften. Von **E. Bertho,** Regierungsrath. 1885. 1 M. 60 Pf

26. Die Reichsgesetzgebung über **Münz- und Notenbankwesen,** Papiergeld, Prämienpapiere und Reichsschulden. Von Dr. jur. **R. Koch,** Präsident des Reichsbankdirektoriums. Vierte Auflage. Geb. in ganz Leinen 3 M.

27. Die Gesetzgebung, betr. das **Gesundheitswesen** im Deutschen Reich für Behörden, Aerzte rc. Von Dr. jur. **C. Goesch** und Dr. med. **J. Karsten.** 1888. 1 M. 60 Pf.

28. **Bau-Unfallversicherungsgesetz.** Vom 30. Juni 1900, in der Fassung der Bekanntmachung vom 5. Juli 1900. Von **R. Chrzescinski,** Kaiserl. Regierungsrath a. D., ehemaligem ständigen Mitglied des Reichs-Versicherungsamts. Dritte Auflage. Geb. in ganz Leinen 2 M.

29. **Reichsgesetz, betr. die Erwerbs- und Wirthschaftsgenossenschaften.** Von **L. Parisius** und Dr. **H. Crüger.** Neunte Auflage bearbeitet von Dr. **H. Crüger.** Geb. in ganz Leinen 1 M. 50 Pf.

30. **Invalidenversicherungsgesetz** vom 13. Juli 1899, in der Fassung der Bekanntmachung vom 19. Juli 1899. Von Dr. **E. v. Woedtke,** Direktor im Reichsamt des Innern. Achte erweiterte Auflage. Geb. in ganz Leinen 2 M. 50 Pf.

31. **Gewerbegerichtsgesetz** in der Fassung der Bekanntmachung vom 29. September 1901. Von Stadtrath **L. Mugdan.** Fünfte Auflage bearbeitet von **W. Cuno,** Erstem Bürgermeister zu Hagen i. W. Geb. in ganz Leinen 2 M.

32. **Reichsgesetz,** betr. die **Gesellschaften mit beschränkter Haftung.** In der vom 1. Januar 1900 ab geltenden Fassung. Von **L. Parisius** und Dr. **H. Crüger.** Sechste Auflage. Geb in ganz Leinen 1 M. 25 Pf.

33. **Das Vereins- und Versammlungsrecht** in Deutschland. Von Dr. **E. Ball,** Rechtsanwalt. 2 M. 25 Pf.

34. **Reichsgesetz,** betreffend die **Abzahlungsgeschäfte.** Vom 16. Mai 1894. Von **J. Hoffmann,** Oberverwaltungsgerichtsrath. Zweite vermehrte und verbesserte Auflage besorgt von Dr. **E. Wilke,** Landgerichtsrath. Geb. in Leinen 1 M. 20 Pf.

35. **Die Reichs-Eisenbahngesetzgebung.** Von **W. Coermann,** Kaiserl. Amtsrichter. 1895. 2 M 25 Pf.

36. **Gesetze,** betr. die **privatrechtlichen Verhältnisse der Binnenschiffahrt und der Flößerei.** Nach den Materialien erläutert von **H. Makower.** Unter Berücksichtigung der am 1. Januar 1900 in Kraft tretenden Reichsgesetze bearbeitet von **E. Löwe,** Landgerichtsrath. Zweite veränderte Auflage. 2 M.

37. **Gesetz zur Bekämpfung des unlauteren Wettbewerbes.** Vom 27. Mai 1896. Von Dr. **R. Stephan,** Geh. Regierungsrath Zweite Auflage. 80 Pf.

38/39. **Bürgerliches Gesetzbuch nebst Einführungsgesetz** In Verbindung mit Professor Dr. **André,** Geh. Justizrath **Greiff,** Amtsrichter **Ritgen,** Regierungsrath Dr. **Unzner** herausgegeben von Reichsgerichtsrath Dr. **A. Achilles †.** Dritte vermehrte und verbesserte Auflage. 8°. Geb in ganz Leinen 6 M

Dieser Band ist in größerem Format erschienen!

40. **Gesetz,** betr. die **Pflichten der Kaufleute bei Aufbewahrung fremder Werthpapiere (Depotgesetz)** Vom 5. Juli 1896. Mit Erläuterungen, Einleitung und Sachregister. Von **F. Lusensky,** Geh. Regierungsrath 90 Pf

41. **Börsengesetz.** Vom 22. Juni 1896. Nebst den dazu erlassenen Ausführungsbestimmungen Unter Mitwirkung des Direktors im Reichsamt des Innern **A. Wermuth** bearbeitet von Regierungsrath **H. Brendel.** Zweite Auflage in Vorbereitung.

42. **Grundbuchordnung** für das Deutsche Reich nebst den preußischen Ausführungsbestimmungen. Mit Einleitung von Professor Dr. **O. Fischer.** Zweite Auflage. Geb. in ganz Leinen 1 M. 80 Pf.

43. Die Gesetzgebung, betr. die **Zwangsvollstreckung in das unbewegliche Vermögen** im Reiche und in Preußen. Text-Ausgabe mit Einleitung, Anmerkungen, Kosten- und Gebührentabellen und Sachregister. Von Dr. **J. Krech,** Kaiserl. Geh. Regierungsrath und Professor Dr. **O. Fischer.** Dritte Auflage. Geb. in ganz Leinen 2 M.

44. Das Reichsgesetz über das **Auswanderungswesen** vom 9. Juni 1897 nebst Ausführungsverordnungen und Anlagen. Nach den Materialien und unter Benutzung amtlicher Quellen erläutert von Professor Dr. **Felix Stoerk.** 2 M. 25 Pf.

45. **Das Entmündigungsrecht** unter Berücksichtigung der für Preußen geltenden Vorschriften nebst der preußischen Justiz-Ministerial-Verfügung vom 28. November 1899. Text der civil- und prozeßrechtlichen Bestimmungen mit Erläuterungen von Landgerichtsrath Dr. **P. Koll** in Cöln. Geb. in ganz Leinen 1 M. 50 Pf.

46. Die Gesetze des Reiches und Preußens über die **freiwillige Gerichtsbarkeit.** Mit Einleitung von **Herm. Jastrow,** Amtsgerichtsrath. Dritte verbesserte Auflage. Geb. in ganz Leinen 3 M.

47. Das **deutsche Vormundschaftsrecht** und das preuß. Gesetz über die Fürsorgeerziehung Minderjähriger vom 2. Juli 1900 nebst den dazu gehörigen preußischen Nebengesetzen und allgemeinen Verfügungen. Mit Einleitung und Erläuterungen von **Max Schultzenstein,** Oberverwaltungsgerichtsrath und Amtsgerichtsrath Dr. **Paul Köhne.** Zweite Auflage. Geb. in ganz Leinen 3 M.

48. Gesetze und Verordnungen, betreffend den **Drogen-, Gift- und Farbenhandel** außerhalb der Apotheken, unter besonderer Berücksichtigung des Königreichs Preußen. Von Dr. **Broh,** Rechtsanwalt. 1 M. 25 Pf.

49. Deutsche **Kolonialgesetzgebung.** Von Prof. Dr. **Philipp Zorn.** Geb. in ganz Leinen 4 M. 50 Pf.

50. **Der Viehkauf** (Viehgewährschaft) nach dem Bürgerlichen Gesetzbuche. Mit Erläuterungen von Dr. **Hans Stölzle,** Rechtsanwalt in Kempten. Nebst Verordnung, betr. die Hauptmängel und Gewährsfristen beim Viehhandel. Erläutert von **Heinrich Weiskopf,** Königl. Kreisthierarzt in Augsburg Zweite Auflage. Geb. in ganz Leinen 2 M.

51. **Hypothekenbankgesetz** vom 13. Juli 1899. Von Dr. **H. Göppert**, Gerichts-Assessor. Geb. in ganz Leinen 1 M. 80 Pf.

52. **Gesetz, betreffend die gemeinsamen Rechte der Besitzer von Schuldverschreibungen.** Vom 4. Dezember 1899. Von Dr. **Heinrich Göppert**, Gerichts-Assessor. Geb. in ganz Leinen 2 M.

53. **Reichspreßgesetz** vom 7. Mai 1874 nebst den einschlägigen Bestimmungen des Strafgesetzbuchs, der Gewerbeordnung 2c. Kommentar von **A. Born**, Polizeiassessor. Geb. in ganz Leinen 1 M. 50 Pf.

54. Die Reichsgesetzgebung über den Verkehr mit **Nahrungsmitteln, Genußmitteln** und **Gebrauchsgegenständen.** Von Dr. **Georg Lebbin**, Nahrungsmittelchemiker. Geb. in ganz Leinen 2 M. 25 Pf.

55. Das Recht der **Beschlagnahme von Lohn- und Gehaltsforderungen.** Auf Grundlage der Reichsgesetze vom 21. Juni 1869 u. 29. März 1897 und der Civilprozeßordnung. Von Rechtsanwalt **Georg Meyer.** Geb. in ganz Leinen 1 M. 50 Pf.

56. Gesetz, betr. die **Bekämpfung gemeingefährlicher Krankheiten.** Vom 30. Juni 1900. Nebst Ausführungsbestimmungen. Von Dr. **Bruno Burkhardt**, Regierungsrath, Mitglied des Kais. Gesundheitsamts. Geb. in ganz Leinen 1 M. 40 Pf.

57. **See-Unfallversicherungsgesetz** vom 30. Juni 1900. Von **Dr. Max Mittelstein**, Oberlandesgerichtsrath in Hamburg. Geb. in ganz Leinen 2 M.
58. **Das Recht der unehelichen Kinder.** Text-Ausgabe aller einschlägigen Bestimmungen des Bürgerlichen Gesetzbuches von **Hermann Jastrow**, Amtsgerichtsrath zu Berlin. Geb. in ganz Leinen 1 M. 80 Pf.
59. Reichsgesetz ü. d. **Beurkundung des Personenstandes und die Eheschließung.** Von Dr. **F. Fidler**, Amtsgerichtsrath. Geb. in ganz Leinen 1 M. 80 Pf.
60. Gesetz, betreffend das **Urheberrecht an Werken der Literatur und der Tonkunst.** Vom 19. Juni 1901. Von **Otto Lindemann**, Gerichtsassessor. Geb. in ganz Leinen 1 M. 50 Pf.
61. Gesetz über das **Verlagsrecht.** Vom 19. Juni 1901. Von Justizrath **Ernst Heinitz**, Rechtsanwalt. Geb. in ganz Leinen 1 M. 50 Pf.
62. Gesetz über die **privaten Versicherungsunternehmungen.** Vom 12. Mai 1901. Von **H. Könige**, Oberlandesgerichtsrath. Geb. in ganz Leinen 3 M.
63. **Gesetzestafel des Deutschen Reichsrechts.** Systematisch geordnete Nachweisung des z. Zt. geltenden Reichsrechts. Ergänzungsband zu der Guttentag'schen Sammlung Deutscher Reichsgesetze. Von **Hugo Bruhns**, Syndikus. Geb. in ganz Leinen 2 M. 50 Pf.
64. Gesetzsammlung betreffend den **Handel mit Drogen und Giften.** Reichsgesetzliche Bestimmungen und Anhang mit den landesgesetzlichen Verordnungen sämmtlicher Bundesstaaten. Von **Hugo Sonnenfeld**, Rechtsanwalt, Syndikus der Berliner Drogisten-Innung. Geb. in ganz Leinen 3 M.

Guttentag'sche Sammlung

Preußischer Gesetze.

Text-Ausgaben mit Anmerkungen. Taschenformat.

---

1. **Die Verfassungs-Urkunde für den Preußischen Staat.** Mit Einleitung, vollständigem Kommentar und Anlagen von Prof. Dr. **Adolf Arndt.** Vierte verbesserte Auflage. Geb. in ganz Leinen 2 M. 50 Pf.

2. **Preußische Beamten-Gesetzgebung.** Enthaltend die wichtigsten Beamtengesetze in Preußen. Von **C. Pfafferoth.** Dritte Auflage. 1 M. 50 Pf.

3. **Die Zwangsvollstreckung in das unbewegliche Vermögen.** Von Dr. **J. Krech** und Prof. Dr. **O. Fischer.** Dritte Auflage. Vergriffen.
   Siehe: Reichsgesetze Nr. 43.

4. **Gebührenordnung für Notare** vom 25. Juni 1895 in der Fassung der Bekanntmachung vom 6. Oktober 1899 nebst den einschlägigen Vorschriften des Preußischen Gerichtskostengesetzes. Von **R. Sydow.** Zweite Auflage bearbeitet von Dr. **E. Mosler,** Gerichtsassessor. Geb. in ganz Leinen. 1 M. 50 Pf.

5. **Gesetz vom 24. April 1854 (betr. die außereheliche Schwängerung).** Von Dr. **Schulze.** 75 Pf.
   Seit dem 1. Januar 1900 gültiges Recht siehe: Reichsgesetze Nr. 58.

6. Die Preuß. **Ausführungsgesetze und Verordnungen zu den Reichs-Justizgesetzen.** Von **R. Sydow.** Dritte vermehrte Auflage. 1895. 2 M. 40 Pf.

Siehe Seite 21/22, Busch, Ausführungsgesetze.

7. **Allg. Gerichtsordnung** vom 6. Juli 1793 und Preuß. **Konkursordnung** vom 8. Mai 1885. Von **F. Vierhaus,** Geh. Ober-Justizrath. Vergriffen.

8. **Vormundschaftsordnung.** Von **F. Schultzenstein.** Dritte Auflage.

Seit dem 1. Januar 1900 gültiges Recht siehe: Reichsgesetze Nr. 47.

9. Die Preußische **Grundbuchgesetzgebung.** Von Prof. Dr. **Fischer.** Dritte Auflage. Vergriffen.

Siehe: Reichsgesetze Nr. 42.

10. **Einkommensteuergesetz.** Vom 24. Juni 1891. Von **A. Fernow,** Geh. Finanzrath. Fünfte vermehrte Auflage. Geb. in ganz Leinen 2 M. 50 Pf.

11. **Gewerbesteuergesetz.** Vom 24. Juni 1891. Von **A. Fernow,** Geheimer Finanzrath. Dritte vermehrte Auflage. 1 M. 25 Pf.

12. **Allgemeines Berggesetz** für die preußischen Staaten. Vom 24. Juni 1865, und die auf dasselbe bezüglichen Gesetze und Verordnungen. Von **E. Engels,** Ober-Bergrath. Dritte Auflage. In Vorbereitung.

13. **Ergänzungssteuergesetz** (Vermögenssteuergesetz). Vom 14. Juli 1893. Von **A. Fernow,** Geh. Finanzrath. Dritte vermehrte Auflage Geb. in Leinen 1 M. 50 Pf.

14. **Kommunalabgabengesetz.** Vom 14. Juli 1893 und Gesetz wegen Aufhebung direkter Staatssteuern. Vom 14. Juli 1893. Von Dr. **F. Adickes,** Oberbürgermeister. Dritte Auflage. Geb. in ganz Leinen 1 M. 50 Pf

15. Die **Kreisordnungen** für den Preußischen Staat. Von **O. Kolisch,** Landgerichtsrath. 1894. 4 M.

16. **Concessionirung gewerblicher Anlagen.** Preuß. Ausführungs-Anweisung zu §§. 16 u. ff. der Reichs-Gewerbe-Ordnung. Von Dr. **W. von Rüdiger,** Geh. Regierungs- u. Gewerberath. Zweite Auflage. Geb. in ganz Leinen 2 M.

17. Preußisches **Gerichtskostengesetz.** In der Fassung der Bekanntmachung vom 6. Oktober 1899. Mit Kostentabellen. Von Dr **P. Siméon,** Landrichter. Dritte Auflage. Geb in ganz Leinen 1 M. 80 Pf.

18. Preußisches **Stempelsteuergesetz** vom 31. Juli 1895. Mit den gesammten Ausführungsbestimmungen und vollständigen Tabellen. Von **P. Loeck,** Regierungsrath. Fünfte Auflage. Geb. in ganz Leinen 5 M. **Dieser Band ist in größerem Format erschienen.**

19. **Das Jagdscheingesetz** vom 31. Juli 1895. Mit ausführlichen Erläuterungen nebst der Ausführungsverfügung. Von **F. Kunze,** Wirklichem Geh. Ober-Regierungsrath. Zweite Auflage. Geb. in ganz Leinen 2 M.

20. Gesetz, betr. die **Erbschaftssteuer.** Vom 19./24. Mai 1891 unter Berücksichtigung der Novelle vom 31. Juli 1895. Mit ausführlichen Erläuterungen von **P. Loeck,** Regierungsassessor. 1 M. 80 Pf.

21. Gesetz über die **Handelskammern.** Vom 19. August 1897. Mit Erläuterungen, geschichtlicher Einleitung sowie einer Uebersicht des Bestandes der kaufmännischen Vertretungen. Von **F. Lusensky,** Geh. Regierungsrath. 3 M.

22. Gesetz, betr. **Anstellung und Versorgung der Kommunalbeamten.** Vom 30. Juli 1899. Mit einem Anhang, enthaltend die preußische Ausführungsanweisung. Von Dr. **W. Ledermann,** Magistratsassessor zu Berlin. 1 M. 25 Pf.

23. **Ausführungsgesetz zum Bürgerlichen Gesetzbuche** vom 20. September 1899. Von Landrichter Dr. **P. Siméon.** Geb. in ganz Leinen 1 M. 60 Pf.

24. Die **Hinterlegungsordnung** vom 14. März 1879 in der Fassung des Ausführungsgesetzes z. B.G.B. v. 20. Sept. 1899 nebst Ausführungsbestimmungen. Von Regierungsassessor Dr. **Georg Bartels.** Geb. in ganz Leinen 1 M. 50 Pf.

25. **Preußische Kommunalbeamtengesetzgebung.** Von Dr. **Franz Kremski,** Magistratsassessor in Berlin. Geb. in ganz Leinen 3 M.

26. Die **Preußischen Gesetze** über das **Diensteinkommen der Lehrer und Lehrerinnen, ihren Ruhegehalt und die Fürsorge für ihre Hinterbliebenen,** sowie einer Tabelle zur Berechnung der Ruhegehalts-, Wittwen- und Waisenbezüge. Von Dr. **Ed. Cremer,** Beigeordneter. Geb. in ganz Leinen 2 M. 40 Pf.

27. Gesetz, betreffend die **Waarenhaussteuer.** Vom 18. Juli 1900. Von Geh. Ober-Finanzrath Dr. **G. Strutz.** Geb. in ganz Leinen 1 M. 20 Pf.

28. Gesetz über die **Fürsorgeerziehung Minderjähriger.** Vom 2. Juli 1900. Nebst Ausführungsanweisungen. Von Landgerichtsrath Dr. **P. F. Aschrott.** Geb. in ganz Leinen 2 M. 80 Pf.

29. Gesetz, betr. **die ärztlichen Ehrengerichte, das Umlagerecht und die Kassen der Aerztekammern.** Vom 25. November 1899. Von Amtsgerichtsrath Dr. **Fidler.** Geb. in ganz Leinen 1 M. 50 Pf.

30. Die das **Preußische Staatsschuldbuch** und das **Reichsschuldbuch** betreffenden Gesetze nebst den dazu gehörigen Ausführungsbestimmungen. Von Wirklichen Geheimen Ober-Finanzrath **J. Mücke,** Mitglied der Hauptverwaltung der Staatsschulden. Geb. in ganz Leinen 2 M.

Guttentag'sche Sammlung von
Text-Ausgaben mit Sachregister ohne Anmerkungen.
Taschenformat, elegant in Leinen gebunden.

Reichs-Justizgesetze:

Gerichtsverfassungsgesetz. Civilprozeßordnung. Konkursordnung. Strafprozeßordnung.

Zweite Auflage.

In einem Bande gebunden 3 M. 80 Pf.

Civilprozeßordnung mit **Gerichtsverfassungsgesetz** und **Einführungsgesetzen.** In der Fassung der auf Grund des Gesetzes vom 17. Mai 1898 erfolgten Bekanntmachung vom 20. Mai 1898. 2 M.

Konkursordnung mit **Einführungsgesetz.** In der Fassung der Bekanntmachung v. 20. Mai 1898. 80 Pf.

Strafprozeßordnung für das Deutsche Reich nebst **Einführungsgesetz.** 1 M. 20 Pf.

Bürgerliches Gesetzbuch nebst **Einführungsgesetz.** Vom 18. August 1896. Nebst ausführlichem Wort- und Sachregister bearbeitet von Oberamtsrichter **Jatzow.** Zehnter Abdruck. 2 M. 50 Pf.

Handelsgesetzbuch nebst **Einführungsgesetz.** Vom 10. Mai 1897. Sechster Abdruck. 1 M. 80 Pf.

Gesetz, betr. die **Abänderung der Gewerbeordnung** (Neues Handwerkergesetz). Vom 26. Juli 1897. 90 Pf.

Guttentag'sche Sammlung von Text-Ausgaben mit Sachregister ohne Anmerkungen.

Gewerbeordnung für das Deutsche Reich. In der Fassung der Bekanntmachung vom 26. Juli 1900. (Reichs-Gesetzblatt Nr. 47, ausgegeben am 15. Oktober 1900.) Zweite Auflage. 1 M. 20 Pf.

Militär-Strafgesetzbuch für das Deutsche Reich mit Verweisungen und Abdruck der entsprechenden Bestimmungen des Reichs-Strafgesetzbuchs. 1 M.

Militärstrafgerichtsordnung für das Deutsche Reich, nebst **Einführungsgesetz** und Gesetz, betr. die Dienstvergehen der richterlichen Militärjustizbeamten und die unfreiwillige Versetzung derselben in eine andere Stelle oder in den Ruhestand. Vom 1. Dezember 1898. Militär-Strafgesetzbuch mit Verweisungen und Abdruck der entsprechenden Bestimmungen des Reichs-Strafgesetzbuchs. Zweite Auflage. 1 M. 50 Pf.

Die Preußischen Ausführungsgesetze zum Bürgerlichen Gesetzbuche, zum Gesetz, betr. Aenderung der Civilprozeßordnung vom 17. Mai 1898, zum Gesetz über die Zwangsversteigerung und die Zwangsverwaltung, zur Grundbuchordnung und zum Handelsgesetzbuch. Preuß. Gesetz über die freiwillige Gerichtsbarkeit und Gesetz, enthaltend die landesgesetzlichen Vorschriften über die Gebühren der Rechtsanwälte und der Gerichtsvollzieher. Fünfte Auflage. 1 M. 80 Pf.

Reichsstempelgesetz (Börsensteuergesetz) in der Fassung der Bekanntmachung vom 14. Juni 1900. Mit Ausführungsbestimmungen, einem Anhang, enthaltend Tabellen zur Berechnung der Reichsstempelabgaben und Sachregister. 1 M. 50 Pf.

Adickes, F., Oberbürgermeister in Frankfurt a. M. Das Kommunalabgabengesetz vom 14. Juli 1893. Kommentar. 8°. Kartonnirt 6 M.

Arndt, Dr. Adolf, Geheimer und Oberbergrath, Professor. Verfassung des Deutschen Reichs. Mit Einleitung und Kommentar. Zweite völlig neu bearbeitete Auflage. 8°. Preis ca. 3 M.

Beyendorff, Dr. R., Dozent der Staatswissenschaften am Höheren Technischen Institut zu Cöthen. Das System der Reichs-Gewerbeordnung. Für den akademischen und praktischen Gebrauch dargestellt. 8°. Preis 4 M., geb. 4 M. 60 Pf.

Born, A., Polizei-Assessor in Königsberg i. Pr. Das preußische Baupolizeirecht nebst den einschlägigen Bestimmungen des Ansiedelungs-, Feld- und Forstpolizei-, Waldschutz- und Deichgesetzes, sowie dem Fluchtlinien-, Rayongesetz und dem Gesetz über die Zulässigkeit des Rechtsweges gegen polizeiliche Verfügungen. Mit Kommentar. Unter eingehender Berücksichtigung der Entscheidungen des Reichsgerichts, Oberverwaltungs- und Kammergerichts. gr. 8°. Preis 10 M., geb. 11 M.

Das Gesetz betreffend die Anlegung und Veränderung von Straßen und Plätzen in Städten und ländlichen Ortschaften vom 2. Juli 1875. Des Kommentars von weil. Oberverwaltungsgerichtsrath **R. Friedrichs** fünfte völlig neubearbeitete Auflage bearbeitet von Dr. jur. **Hugo v. Strauß und Torney,** Senatspräsident am Oberverwaltungsgericht. 8°. Geb. Im Druck.

Hauß, C., Geh. Ober-Reg.-Rath. Das Gesetz zur Bekämpfung des unlauteren Wettbewerbes. Vom 27. Mai 1896. Für die gerichtliche und gewerbliche Praxis erläutert. 8°. Geb. in Leinen 3 M.

Holtgreven, Dr. A., Präsident des Oberlandesgerichts in Hamm und Dr. **Th. Wolff**, Oberlandesgerichtsrath. Das Wildschadengesetz vom 11. Juli 1891. Kommentar. Vierte Auflage. 8°. Im Druck.

Jerusalem, Herm., Landgerichtsrath, Mitglied des Hauses der Abgeordneten. Das Gesetz über Kleinbahnen und Privatanschlußbahnen vom 28. Juli 1892 nebst der Ausführungsanweisung zu diesem Gesetze vom 22. August 1892. gr. 8°. 2 M.

Kamptz, B. v., Verwaltungsgerichtsdirektor. Das Gesetz, betreffend die Vertheilung der öffentlichen Lasten bei Grundstückstheilungen und die Gründung neuer Ansiedelungen in den Provinzen Preußen, Brandenburg, Pommern, Posen, Schlesien, Sachsen und Westfalen vom 25. August 1876. 8°. Kartonnirt 2 M. 50 Pf.

Könige, H., Oberlandesgerichtsrath. Handelsgesetzbuch vom 10. Mai 1897 nebst Abdruck des Gesetzes über die Angelegenheiten der freiwilligen Gerichtsbarkeit und Gerichtsverfassungsgesetz (Titel 7, Kammern für Handelssachen). 8°. Geb. in ganz Leinen 4 M. 50 Pf.

Laß, Dr. L., Kaiserl. Regierungsrath, Strafrecht der Berufsgenossenschaften nach den Unfallversicherungsgesetzen vom 30. Juni 1900. Unter Benutzung amtlichen Materials zum praktischen Gebrauche dargestellt. Geb. in Leinen 3 M.

Laurisch, G., Königl. Gewerbeinspektor, Gewerberecht und Arbeiterschutz. Führer für Arbeitgeber und Arbeiter durch die Gewerbe- und Arbeiterschutz-Gesetze. Kartonnirt 1 M. 80 Pf.

Ledermann, Dr. iur. Walter, Die Städte-Ordnung für die sechs östlichen Provinzen der preußischen Monarchie vom 30 Mai 1853 nebst ihren Ergänzungen. Lieferung 1 u. 2. 8°. Preis 4 M.

Nußbaum, Dr. A., Die freiwillige Gerichtsbarkeit im Reiche und in Preußen. Ein Leitfaden. 8°. Geb. in ganz Leinen 4 M.

Ottermann, Carl, Stadtrath in Dortmund. Das Fluchtliniengesetz vom 2. Juli 1875. Erläuternde Abhandlung. 8°. 1 M. 25 Pf.

Stephan, Dr. R., Geh. Regierungsrath u Mitglied des Kais. Patentamts. Gesetz, betreffend die Patentanwälte. Vom 21 Mai 1900. Nebst Ausführungsverordnungen. 8°. Geb. in ganz Leinen 1 M. 50 Pf.

Telegraphenwege-Gesetz vom 18. Dezember 1899 nebst den vom Reichskanzler erlassenen Ausführungsbestimmungen vom 26. Januar 1900 und den Erläuterungen und Ausführungsanweisungen des Reichs-Postamts. Amtliche Ausgabe. 8°. Geb. in ganz Leinen 1 M.

Wilhelmi, Dr. L., Das Handwerkergesetz vom 26. Juli 1897. Mit Einleitung und Bemerkungen unter besonderer Berücksichtigung der Ausführungs-Anweisungen der größeren Bundesstaaten. Geb. in ganz Leinen 6 M.

Wittenberg, Dr. M., Dozent an der Humboldt-Akademie. Wegweiser durch das Aktienrecht, nach dem Wortlaut der seit dem 1. Januar 1900 gültigen Reichsgesetze. Taschenformat. Geb. in ganz Leinen 1 M.

Schlagwort-Register.

R. = Nummer der Sammlung Deutscher **Reichs**gesetze.
P. = Nummer der Sammlung **Preußischer** Gesetze.
S. = Seite.

Abänderung der Gewerbeordnung S. 20, R. 6.
Abzahlungsgeschäfte R. 34.
Aerztekammern P. 29.
Aerztl. Ehrengerichte P. 29.
Aktienrecht R. 24, S. 26.
Altersversicherungsgesetz R. 30.
Anfechtungsgesetz R. 13.
Ansiedelungsgesetz S. 24, 25.
Anstellung der Kommunalbeamten P. 22.
Arbeiterschutzgesetz R. 6, S. 25.
Arbeiterversicherungsgesetze R. 20, 23, 28, 30, 57.
Ausführungsgesetze z. BGB. P. 23, S. 13, 14, 21, 22.
Ausführungsgesetze zu den Reichsjustizgesetzen P. 6, S. 21, 22.
Auswanderungsgesetz R. 44.

Bankgesetz R. 26.
Baufluchtengesetz S. 24, 26.
Bauunfallversicherungsgesetz R. 28.
Baupolizeirecht S. 24.
Beamtengesetze R. 10, P. 2.
Bekämpfung gemeingefährlicher Krankheiten R. 56.
Berggesetz P. 12.
Berufsgenossenschaften, Strafrecht der S. 25.
Beschlagnahme von Lohn- und Gehaltsforderungen R. 55.
Beurkundung des Personenstandes R. 59.
Binnenschiffahrtsgesetz R. 36.
Börsengesetz R. 41.
Börsensteuergesetz R. 18, S. 21.
Brausteuererhebung R. 25.
Bundes- und Staatsangehörigkeit R. 8.
Bürgerliche Gesetzsammlung für Preußen S. 23.
Bürgerliches Gesetzbuch R. 38/39, S. 20, 22.

Civilprozeßordnung R. 11, S. 20.

Deichgesetz S. 24.
Depotgesetz R. 40.
Diensteinkommen der Lehrer und Lehrerinnen P. 26.
Drogenhandel außerhalb der Apotheken R. 48, 64.

Eheschließungsgesetz S. 14.
Einkommensteuergesetz P. 10.
Eisenbahngesetzgebung R. 35.
Elektrizitäts-Diebstahl R. 2

Entmündigungsgesetz R. 45.
Entschädigung der im Wiederaufnahmeverfahren freigesprochenen Personen R. 12.
Entziehung elektr. Arbeit R. 2.
Erbschaftssteuergesetz P. 20.
Ergänzungssteuergesetz P. 13.
Erwerbs- und Wirthschaftsgenossenschaften R. 29.

Farbenhandel außerhalb der Apotheken R. 48.
Farbengesetz R. 48.
Feingehalt der Gold- und
Feld- u. Forstpolizeiges. S. 24.
Silberwaaren R. 9a.
Fleischbeschaugesetz R. 54.
Flößereigesetz R. 36.
Fluchtliniengesetz S. 24, 26.
Freiwillige Gerichtsbarkeit R. 46, S. 26.
Freizügigkeit R. 8.
Fürsorgeerziehung Minderjähriger R. 47, P. 28.

Gebrauchsgegenstände, Gesetz über den Verkehr damit R. 54.
Gebrauchsmusterschutzgesetz R. 22a.
Gebührengesetz, Preußisches, für Rechtsanwälte und Gerichtsvollzieher R. 17, S. 21.
Gebührenordnung für Gerichtsvollzieher R. 15.
Gebührenordnung für Notare P. 4.
Gebührenordnung für Rechtsanwälte R. 17.
Gebührenordnung für Zeugen und Sachverständige R. 15.
Gehaltsforderungen, Beschlagnahme von R. 55.
Genehmigung gewerblicher Anlagen P. 16.
Genossenschaftsgesetz R. 29.
Genußmittel, Verkehr damit R. 54.
Gerichtsbarkeit, freiwillige R. 46, S. 26.
Gerichtskostengesetz, Deutsches R. 15.
Gerichtskostengesetz, Preußisches P. 17.
Gerichtsordnung, Preußische P. 7.
Gerichtsverfassungsgesetz R. 14, 12, S. 20.
Gerichtsvollzieher-Gebührenordnung R. 15.
Gesellschaften mit beschränkter Haftung R. 32.
Gesetzbuch, Bürgerliches R. 38/39, S. 20, 22.
Gesetzestafel des Deutschen Reichsrechts R. 63.
Gesetz-Sammlung, Preußische S. 23.
Gesundheitswesen R. 27.
Gewerbegerichte R. 31.
Gewerbeordnung R. 6, S. 21, 24.
Gewerberecht S. 25.

Gewerbe-Unfallversicherungsgesetz R. 23.
Gewerbesteuergesetz, Preußisches P. 11.
Gifthandel außerhalb der Apotheken R. 48, 64.
Grundbuchordnung R. 42.
Grundbuchgesetzgebung, Preußische P. 9.

Haftung, Gesellschaften mit beschränkter R. 32.
Handelsgesetzbuch R. 4, S. 20, 25.
Handelskammergesetz P. 21.
Handwerkergesetz S. 20, 24, 26, R. 6.
Hinterlegungsordnung P. 24.
Hypothekenbankgesetz R. 51.

Jagdscheingesetz P. 19.
Invalidenversicherungsgesetz R. 30.

Kiautschou-Gebiet, militär. Strafrechtspflege im R. 3.
Kinder, Recht der unehelichen R. 58.
Kinder, Unterbringung verwahrloster R. 47.
Kleinbahnengesetz S. 25.
Kolonialgesetzgesetzgebung R. 49.
Kommunalabgabengesetz P. 14, S. 24.
Kommunalbeamtengesetz P. 22.
Kommunalbeamtenrecht P. 25.
Konkursordnung R. 13, S. 20.
Konkursordnung, Preußische P. 7.
Konsulargesetzgebung R. 21.
Krankenversicherungsgesetz R. 20.
Kreisordnungen P. 15.

Ladenschluß-Novelle S. 21.
Landesgesetze, privatrechtliche S. 23.
Landrecht, Preußisches S. 23.
Lehrergehalts- u. -Pensionsgesetze P. 26.
Lohnforderungen, Beschlagnahme von R. 55.

Maaß- u. Gewichtsordnung R. 9 a.
Mantelgesetz R. 23.
Margarinegesetz R. 54.
Markenschutzgesetz R. 22 b.
Medicinalgesetzgebung R. 27.
Militärstrafgerichtsordnung R. 3 S. 21.
Militärstrafgesetzbuch S. 2, 21.
Minderjährige, Fürsorgeerziehung für R. 47, P. 28.
Münzwesen R. 26.
Musterschutzgesetz R. 22 a.

Nahrungsmittelgesetze R. 54.
Nebengesetze zum BGB. R. 4, 11, 12, 13, 14, 29, 32, 36, 42, 43, 46, S. 20, 21.
Notare, Gebührenordnung für preußische P. 4.
Notenbankwesen R. 26.

Patentanwaltsgesetz S. 26.
Patentgesetz R. 22 a.
Personenstandsgesetz R. 59.
Pflichten der Kaufleute bei Aufbewahrung fremder Werthpapiere R. 40.
Postgesetze R. 7.
Preßgesetz R. 53.
Preußische Verfassung P. 1.
Privatanschlußbahnen-Gesetz S. 25.
Privatrechtliche Bestimmungen des Vereinsrechts S. 14.
Privatrechtliche preußische Landesgesetze S. 23.
Privatrechtliche Reichsgesetze R. 9 a.
Rayongesetz R. 9 a, S. 24.
Reblausgesetz R. 9 a.
Rechte der Besitzer v. Schuldverschreibungen R. 52.
Rechtsanwalts-Gebührenordnung R. 17.
Rechtsanwaltsordnung R. 16.
Reichsbeamtengesetz R. 10.
Reichseisenbahngesetzgebung R. 35.
Reichsgewerbeordnung R. 6, S. 21, 24.
Reichsgrundbuchordnung R. 42.
Reichshaftpflichtgesetz S. 14.
Reichs-Justizgesetze S. 20, R. 11, 12, 13.
Reichs-Justizgesetze, Ausführungsges. dazu S. 21, 22.
Reichsmilitärgesetz R. 9 a.
Reichspreßgesetz R. 53.
Reichsschuldbuch P. 30.
Reichsseuchengesetz R. 56.
Reichsstempelges. R. 18, S. 21.
Reichsverfassung R. 1, S. 24.
Saccharingesetz R. 54.
Schlachtviehgesetz R. 54.
Schuldverschreibungsgesetz R. 52.
Schutztruppen, militär. Strafverfahren R. 3.
Schwängerung, außereheliche R. 58, P. 5.
Seegesetzgebung R. 19.
See-Unfallversicherungsgesetz R. 57, S. 25.
Seuchengesetz R. 56.
Sozialpolitische Gesetze R. 20, 23, 28, 30, 57.
Sprengstoffgesetz R. 2, 9 b.
Staatsangehörigkeit, Erwerb und Verlust R. 8.
Staatsschuldbuch P. 30.
Staatssteuern, Gesetz betr. Aufhebung direkter P. 14.
Städteordnung für die 6 östl. Provinzen S. 26.
Stempelsteuergesetz f. Preußen P. 18.
Stempelsteuergesetz für das Reich R. 18, S. 21.
Steuergesetze R. 5, 18, 25, P. 10, 11, 13, 14, 18, 20, 27, S. 21, 24.
Strafgesetzbuch R. 2.

Strafprozeßordnung R. 12, S. 20.
Strafrecht der Berufsgenossenschaften S. 25.
Strafrechtliche Reichsgesetze R. 9 b.
Straßen- und Bauflüchtengesetz S. 24, 26.
Süßstoffe, künstliche R. 54.

Telegraphengesetze R. 7.
Telegraphenwegegesetz S. 26.

Uneheliche Kinder R. 58.
Unfallversicherungsgesetz R. 23, 28, S. 25.
Unlauterer Wettbewerb R. 37, S. 24.
Unterbringung verwahrloster Kinder R. 47, P. 28.
Unterstützungswohnsitz R. 8.
Urheberrechtsgesetz R. 60, 22 a.

Vereins- und Versammlungsrecht in Deutschland R. 33
Verfälschung von Nahrungsmitteln R. 54.
Verfassung des Deutschen Reichs R. 1, S. 24.
Verfassung des Preußischen Staats P. 1.
Verlagsrecht R. 61.
Vermögenssteuergesetz P. 13.
Verrath militärischer Geheimnisse R. 2.
Versicherungsunternehmungen, private R. 62.
Versorgung der Kommunalbeamten P. 22.
Vertheilung öffentl. Lasten S. 25.
Verwendung gesundheitsschädlicher Farben R. 54.
Viehkauf (Viehgewährschaft) und Viehhandel R. 50.
Viehseuchengesetz R. 9 a.
Vormundschaftsordnung, preußische P. 8.
Vormundschaftsrecht, Deutsches R. 47.

Waarenbezeichnungen R. 22 b.
Waarenhaussteuergesetz P. 27.
Waldschutzgesetz S. 24.
Wechselordnung R. 5.
Wechselstempelsteuergesetz R. 5.
Weingesetz R. 54.
Werthpapiere, Depotgesetz R. 40.
Wettbewerbes, Bekämpfung des unlauteren R. 37, S. 24
Wildschadengesetz S. 25.
Wuchergesetz R. 2.

Zwangserziehung R. 47.
Zwangsversteigerung an Immobilien R. 43.
Zwangsvollstreckungsgesetz R. 43.

FSC
www.fsc.org
MIX
Papier | Fördert gute Waldnutzung
FSC® C083411

Kolibri 360 GmbH
Ferdinand-Jühlke-Straße 7
99095 Erfurt, Deutschland
produktsicherheit@kolibri360.de